张孜 著

高效学习的时间管理法

天津出版传媒集团

天津科学技术出版社

图书在版编目（CIP）数据

高效学习的时间管理法 / 张孜著. -- 天津 ： 天津
科学技术出版社，2023.7
ISBN 978-7-5742-1395-1

Ⅰ. ①高… Ⅱ. ①张… Ⅲ. ①学习方法－少儿读物②
时间－管理－少儿读物 Ⅳ. ①G442-49②C935-49

中国国家版本馆CIP数据核字(2023)第127308号

高效学习的时间管理法
GAOXIAO XUEXI DE SHIJIAN GUANLIFA

责任编辑：李晓琳

责任印制：赵宇伦

出　　　版：天津出版传媒集团
　　　　　　天津科学技术出版社

地　　　址：天津市西康路35号

邮　　　编：300051

电　　　话：（022）23332695

网　　　址：www.tjkjcbs.com.cn

发　　　行：新华书店经销

印　　　刷：唐山市铭诚印刷有限公司

开本 880×1230　　1/32　　印张5　　字数 83 000

2023年7月第1版第1次印刷

定价：36.00元

序言

你有没有关注过学习方法呢？

我们知道，每个人都有一套适用于自己的学习方法，而且这套学习方法还会被长期使用。就很多科学的学习方法而言，其本质几乎都体现为输入知识—消化吸收知识—输出知识。这就像你读一本书，阅读的过程，就是知识的输入环节；而你的大脑对这些知识进行筛选、理解、记忆的过程，就是知识的消化吸收环节；你在考试时将这些知识加以应用，或者将知识传授给别人，就是知识的输出环节。

通过这样一个完整的知识循环过程，我们不仅能掌握知识，还能将知识有效地传播给他人，从而让自己和他人共同成长。

当你透彻理解学习方法的本质之后，你就要学会审视自己的学习方法是否足够有效，或者有没有必要选择更高效的学习方法来帮助自己增长见识、提升学习成绩、拓展兴趣爱好……

小学阶段是我们人生成长的重要启蒙阶段。性格的养成、正确人生观的树立，以及学习态度、生活能力、思想道德等的形成，都与此阶段的学习密不可分。此时，你如果找到适合自己的学习方法，往往能起到事半功倍的效果，让自己的学习积极性更强，学习过程变得更加轻松，掌握的知识和技能越来越丰富。

本书密切结合小学生的学习场景，重点解决小学生在各类学习场景中遇到的学习难题，并针对小学生时间管理意识薄弱、时间管理能力不足的现状，从时间管理的视角出发，给出了精准有效的学习方法。同时对于小学生学习过程中的各种疑问，本书专门设置了"问答广场"板块，来解答你心中的困惑，帮你摆脱一些学习困境。

希望本书的学习方法能有效地启发你，解决你在预习、听课、做作业、记忆、复习、解题、阅读、考试等方面遇到的各种难题。此外，也希望你能学会管理时间，认真学习，快乐生活，发展兴趣爱好，不断充实自己，向上成长，在取得优异学习成绩的同时，收获一颗丰盈的内心。

目录

第 **1** 章
学习有方法

为什么都说我的学习方法不对呢？

耶！我马上就要成为二年级学生了！

看起来你非常开心啊！不过……

不过什么？

要改改你以前那些低效的学习方法了！

你马上要升到二年级了……

毛毛，你怎么不会学习呢？

学习的时候要专注，不能三心二意啊！

学习方法？

姐姐，把你好的学习方法教给我吧！

当然可以！这是送你的礼物，学习方法我会慢慢教你的。

每个人都能高效学习

学习，是每个人与生俱来的一种本事，只不过每个人掌握的学习方法有差异，所以学习的效果就有所不同。人们总是希望在有限的时间内学到更多的知识和技能，并把知识记得滚瓜烂熟，把技能用得炉火纯青。为了实现这样的目标，我们先来看看高效学习是如何实现的。

1. 了解我们的大脑

我们的大脑就像是一台复杂而又精密的仪器，调节着我们身体的各种功能，精准地控制着我们的意识、精神、语言、学习、记忆等。

我们的大脑只占体重的 2%，却具备种种神奇的能力，是人体所有器官中最为复杂的。大脑皮质是人类大脑最大的组成部分，也是人脑最大的信息处理中心。

目前，人们已经了解了大脑的主要工作原理，并知道大脑由左脑和右脑两个半球构成，左脑和右脑的分工不同，并有左脑思维和右脑思维的区别。

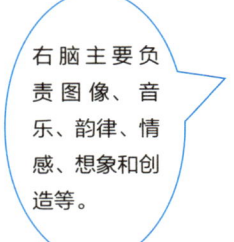

右脑主要负责图像、音乐、韵律、情感、想象和创造等。

左脑主要负责逻辑、语言、数学、文字、推理和分析等。

现实中的大多数人，要么偏向于左脑思考，要么偏向于右脑思考。惯用左脑思考的人更倾向于逻辑性思维，比如，表现为更愿意记笔记、整合信息，给信息分类等，这样就能条理清晰地组织和了解信息；那些惯用右脑思考的人更倾向于创造性思维，比如，表现为更喜欢用各种各样的图表、图片来展示信息间的关联性，并用不同的颜色来标示不同的主题。

实际上，我们最好能够平均地使用左脑和右脑，这样能将大脑的功能最大限度地发挥出来，从而让我们进行更加多维地思考，高效地理解、记忆和学习。

2. 训练高效学习基本功

要想高效学习，必须具备一定的学习基本功，例如能在短时间内集中注意力做一件事，能克服那些阻碍我们集中注意力做事的干扰，能制定切实可行的学习目标，还能保持良好的饮食、睡眠、运动规律，并能应对学习过程中的压力等。

不管你是夜猫子型（在晚上更容易集中注意力，学习或工作热情更高）的学习者，还是百灵鸟型（清晨、上午或白天大脑更兴奋，学习或工作效率更高）的学习者，只要你能在短时间内集中注意力、专注地学习，学习效果往往比学习时间长但注意力不集中的人的效果好很多。

当你需要在一段时间内专注地学习时，你要努力克服环境中的各种干扰，一心一意地学习；当你感觉疲劳时，你要停下来适当休息，这样，学习效果会更好。

如果你学习的自主性不是很强，那么你可以试着给自己设定一些小的学习目标，比如，在 20 分钟或半小时内背会一首古诗或记住 10 个单词等，这样，不断完成一个个小目标的学习方法，也会有效提升你的学习效率。

在日常生活中，不挑食，吃健康的食物，多喝水，少喝饮料，能为你的大脑提供有益的营养。此外，进行适当的体育锻炼，养成规律的睡眠习惯，能让你拥有一个好身体的同时还能保持头脑清醒，进而有效减轻你的学习压力。

而且，要想在学习上开窍，学有所获，就要让自己身心投入，进入学习状态，这是一个非常必要的过程。我们可能见过这样一些同学，他们看起来学得很认真，却并没有收获好的学习效果。这主要是因为他们认为学习这件事只是一个完成任务的过程，只要自己完成这个过程就可以了，从而让自己的思维置身在学习这件事之外，并没有完全进入学习状态，这实际上是思维方式的问题。

例如，一些学生上课时，看似一直跟着老师的节奏和进度，但实际上他们并没有认真审视学习中遇到的每一个问题，只是体验了学习过程而已，最后的结果就是知识仅在大脑中路过，他们并没有主动地让知识在大脑中留下深刻的印象。

如果你在学习的过程中出现过类似的现象，那么你一定要及时修正，训练你的思维方式，让自己拥有一种"进得去"的思维方式：在学习知识时，理解其本质，把握其规律，预判其发展趋势，进而使自己达到融会贯通的学习状态。

当然，改变思维方式并没有那么容易，有家庭教育专家提出过这样一个方法，可以帮你训练"进得去"的思维方式。

 　　首先，准备几粒某种植物的种子以及相关种植工具，种下这些种子，让其生根发芽。

　　然后，在植物长出来后，每天在固定的时间观察植物的生长情况，每次观察 10 分钟（要用让自己觉得最舒服的姿势去观察，当你看着植物时，把自己也当成这样一株植物，来感受其生长规律）。

　　第一天观察时，结合自己所感受到的植物的生长规律，对植物第二天的生长情况进行预判。

　　第二天观察时，将自己对植物生长情况的预判与它们的实际生长情况进行对比，看是否一致。如果不一致，调整你的判断，对第三天的植物生长情况进行预判；如果一致，强化自己所感受到的规律，并对第三天的植物生长情况进行预判。

　　按以上方法，通过循环往复地观察植物的生长情况来训练自己"进得去"的思维方式。

3. 了解自己的学习风格

　　学习风格，指的是我们在学习的过程中持续稳定地表现出来的学习倾向或学习策略。

　　良好的学习风格有利于我们积极参与学习过程，有利于我们提高学习效率，还有利于锤炼我们的思想品德和人格魅力。一些心理学家认为，一个人独特的学习风格主要由六个方面的特征构成：知觉偏好、物理环境需要、社会环境偏好、认知方式、最佳时间、动机与价值观。

①知觉偏好：指学习者对视觉、听觉和动觉的偏重程度。视觉型的学习者，对视觉刺激比较敏感，更容易接受视觉信息，习惯通过"看"来学习，喜欢通过看书和记笔记来把学到的东西组成图像、符号、颜色、片段等。听觉型的学习者则对听觉刺激敏感，对语音、声响和音乐的接受力和理解力强，他们在接触到可以听的信息时学习效果最好。动觉型学习者擅长通过触觉刺激和运动促进学习，喜欢接触、操作物体，更倾向于通过亲身体验（动手操作、实验）来学习。

②物理环境需要：指学习者对学习时的物理环境（声音、光线和温度等）的偏好。例如有的学习者学习时需要绝对安静的环境，有的则喜欢在有背景音乐的环境中学习。

③社会环境偏好：指学习者对学习时的社会环境的偏好。例如一些人喜欢独自一人学习，单独学习时效率更高，与其他人一起时则难以集中注意力；另一些人则相反，喜欢

和同伴一起学习，大家一起讨论、交流时学习效率更高。

④认知方式：指学习者偏爱的信息加工方式，例如学习者在感知、记忆、思维和解决问题等过程中经常采用的、习惯性的方式。

⑤最佳时间：指学习者学习时在时间节律方面的偏好，例如一些人早晨学习效果好，另一些人喜欢在晚上或深夜学习。

⑥动机与价值观：指学习者的学习兴趣或好奇心高低，例如一些人本身就喜爱数学，他便上课认真听讲，课后刻苦钻研；而另一些人是对学习所带来的结果感兴趣，比如为了得到奖励，为了避免受到惩罚，或为了取悦老师、家长而表现出对学习有兴趣。

在了解了学习风格的六个方面之后，你觉得自己的学习风格能满足当下的学习需求吗？可以有效应对当下的学习任务吗？有没有需要改进的地方呢？

4. 营造良好的学习环境

拥有一个良好的学习环境是我们高效学习的基础。

对大多数人来说，学习的环境主要是学校和家中。

在学校，你可以利用学校的自习课或者自习室等一些安静且没有干扰的时间或地方来学习。

在家中，你可以找一个空间，把它设置成自己的学习角，以便把学习和其他事情区分开来。例如，你可以和爸爸妈妈商量在自己的卧室打造一个专门用来学习的区域。首先，这个区域要有充足的光线，比如正面或侧面有窗户，能为你提供舒服的自然光。其次，要有一张书桌，可以让你舒适地写作业；还要有个小书架，用来分类放置自己的各种学习资料和学习工具；挑选一把带靠背的、舒服的椅子，能让你在学习时身体更放松。最后，把自己的学习计划贴到学习区域最显眼的地方，来提醒自己有步骤地积极学习。

在自己的学习区域专心学习时，你要全身心地投入。为了避免被家人打扰，你在学习之前可以先告知家人接下来是自己的学习时间，没有紧要的事请不要打扰。当然，你在学习的过程中也要学会休息，还要学会根据自己的学习状态更换不同的学习内容，比如在暂时不能有效吸收某学科的知识时，可以及时将学习内容更换为另一学科，这样有助于提高学习效率。

在每次学习结束时，记得整理好自己书桌的桌面。因为整洁的学习环境更能激发你的学习兴趣，会让你更加愿意再次进入学习状态。

有些同学可能比较喜欢在学习氛围浓厚的地方学习，比如选择去图书馆学习和看书，或者是去同学家中和同学一起完成某项学习任务……只要学习环境对你来说是有益的，那么你可以多多尝试，让新环境带给你新鲜感的同时，也使你更喜欢学习。

时间管理

设定新学期目标，做好学期计划

1. 设定新学期 SMART 学习目标

每个新学期开始时，你有没有给自己设定学习目标的习惯呢？如果你能设置合理的学习目标，那么在新的学期中，你肯定能够游刃有余地对待自己的学习，高效地利用每一段时间，让自己收获满满。

这里，我们就来学习设置新学期 SMART 学习目标吧！

下面这个表格，就是对"SMART"进行的解释。

S	M	A	R	T
Specific	Measurable	Achievable	Relevant	Timely
具体的	可衡量的	可实现的	相关的	及时的

例如，某同学为了在新学期利用好时间，针对一些主要的学科，打算设置对应的 SMART 学习目标。

新学期 SMART 学习目标

班级：＿＿＿＿＿＿＿＿＿＿＿＿

姓名：＿＿＿＿＿＿＿＿＿＿＿＿

语文学习目标

1. 在＿＿＿＿＿（时间）完成作文比赛。
2. 在本学期背＿＿首古诗词，每周背＿＿＿首。

数学学习目标

1. 在＿＿＿＿＿（时间）完成数学竞赛。
2. 每周做＿＿＿＿＿道数学思维训练题。

英语学习目标

1. 在＿＿＿＿＿（时间）完成英文演讲比赛。
2. 本学期记＿＿＿＿个单词，每周＿＿＿个。

根据自身需要，除了给主要学科设置 SMART 目标之外，你还可以为其他学科或其他方面设置 SMART 目标。

设置 SMART 目标时，可以先设定一个长期目标（大目标），然后你可以把这个长期目标拆解成一系列短期小目标，小目标实现起来会更加容易，压力也更小。当你一个接一个地完成小目标后，长期目标自然就实现了。

学习中的很多事情，你都可以通过设置 SMART 目标来实现。例如，老师要求在一周之内完成一篇与某主题相关的作文，那么你可以按下图所示的方法将完成作文这个大目标进行拆解，每天完成一个小目标，就能在一周之内顺利完成这篇作文了。

第一天：写出作文的大纲　　第三天：开始写作
Ⓐ　　　　　　　　Ⓒ

Ⓑ　　　　　　　　Ⓓ
第二天：搜集　　　　第四天：检查、修改、
相关资料　　　　　　定稿

2. 制订学期计划、月计划、周计划

①制订学期计划：根据你的新学期目标，制订一份类似下面这样的学期计划表，把目标分解到每个月。注意，学期计划表不用做得特别详细，简要地写出具体内容即可。

学期计划表

列出学期目标
把目标分解为每月计划
记录完成情况

202___年___月___日　学校_____　班级：_____　姓名：_____

时间		目标	计划内容	完成情况
第1个月	202___年___月	背古诗	背诵古诗___首	☐
		记单词	记忆单词___个	☐
		做数学思维题	做___道	☐
		……	……	☐
第2个月	202___年___月	背古诗	背诵古诗___首	☐
		……	……	☐
		……	……	☐
		……	……	☐
第3个月	202___年___月	背古诗	背诵古诗___首	☐
		……	……	☐
		……	……	☐
		……	……	☐
第4个月	202___年___月	背古诗	背诵古诗___首	☐
		……	……	☐
		……	……	☐
		……	……	☐
第5个月	202___年___月	背古诗	背诵古诗___首	☐
		……	……	☐
		……	……	☐
		……	……	☐

②制订月计划：在每个月的最后一天，把下个月的主要任务列出来，制订一份类似下面这样的月计划表。

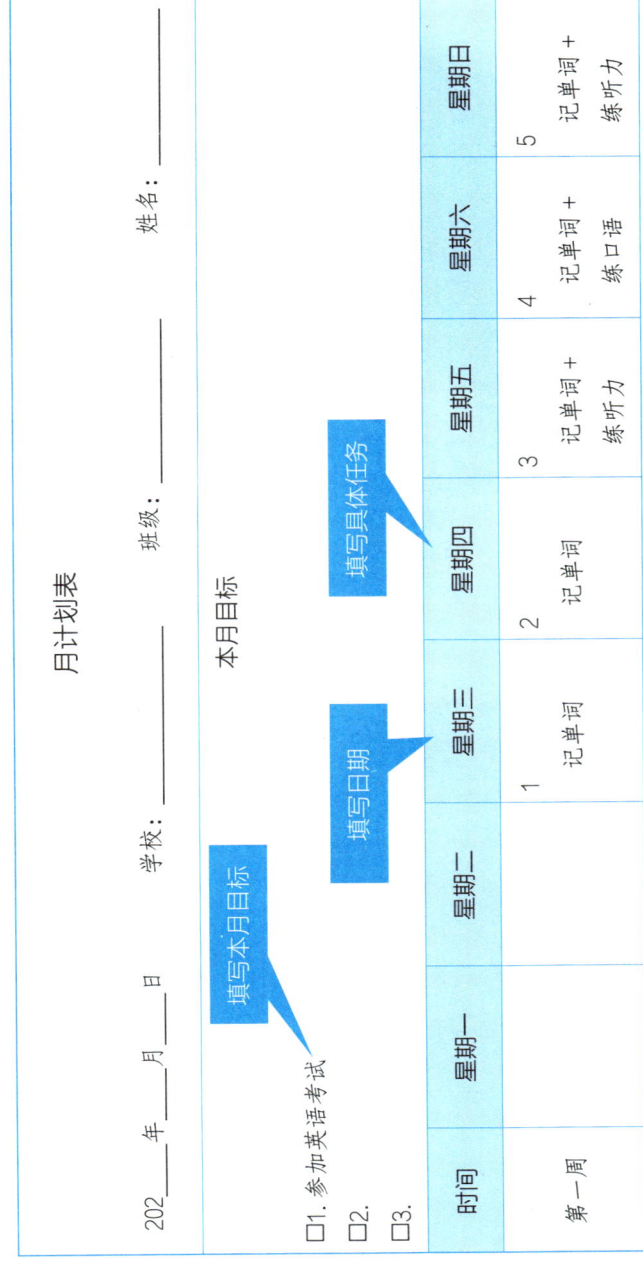

月计划表

202____年____月____日　　学校：_____　　班级：_____　　姓名：_____

本月目标
□1. 参加英语考试
□2.
□3.

填写本月目标

填写日期

填写具体任务

时间	星期一	星期二	星期三	星期四	星期五	星期六	星期日
第一周			1 记单词	2 记单词	3 记单词+练听力	4 记单词+练口语	5 记单词+练听力

时间	星期一	星期二	星期三	星期四	星期五	星期六	星期日
第二周	6 记单词+练听力	7 记单词+做阅读	8 记单词+练听力	9 记单词+练写作	10 记单词+练语法	11 记单词+练口语	12 记单词+练听力
第三周	13 记单词+做阅读	14 记单词+练语法	15 记单词+练听力	16 记单词+练写作	17 记单词+练口语	18 记单词+模式测试	19 记单词+练口语
第四周	20 记单词+做阅读	21 记单词+练语法	22 记单词+练听力	23 记单词+练写作	24 记单词+练口语	25 记单词+模拟测试	26 记单词+练听力
第五周	27 记单词+做阅读	28 记单词+练语法	29 记单词+练写作	30 记单词+练听力	31 参加考试		

③制订周计划：你可以在每个星期日的晚上，把下周的任务列出来，制订一份类似下面这样的周计划表。

周计划表

202__年__月__日　学校：_____　班级：_____　姓名：_____

填写本周目标　　本周目标

☑1.参加作文比赛
□2.
□3.

填写具体任务　　　　　　　　填写是否完成

星期一	星期二	星期三	星期四	星期五	星期六	星期日
☑阅读	☑观看演讲	☑找人探讨	☑试写练习	☑阅读	☑阅读	☑参加比赛
□	□	□	□	□	□	□
□	□	□	□	□	□	□
□	□	□	□	□	□	□
□	□	□	□	□	□	□
□	□	□	□	□	□	□
□	□	□	□	□	□	□

问答广场

只有不断提问才能引发不断思考

1. 学习、做事怎样才能井井有条呢

我国传统德育教育读本《弟子规》中提到："房室清，墙壁净。几案洁，笔砚正。"这实际上是在强调：干净整洁的学习环境更有利于我们专心学习。

你可以试想一下，当你把好多东西杂乱无章地堆放在一起时，要快速找出其中的某一样，肯定特别有难度且费时间。而且当你学习时，堆满杂物的书桌会特别容易分散你的注意力。

为了改变杂乱无章的生活和学习环境，让一切变得井井有条起来，你可以试试以下方法。

①把自己的物品放到固定的位置。你可以把作业本、课本、文具等放到学习空间的固定位置，用不同颜色的文件夹和文件盒分类存放学习资料，及时清理杂物，这样你找物品时就会非常快捷。而且当一切物品都井然有序地摆在固定的位置时，你学习时也不容易分散注意力。

②记录好与自己相关的事件。你可以用便利贴或者笔记本记录每天的作业、各种事项的截止时间等，这样你就能清晰了解自己的任务，避免遗漏，从而使自己做到心中有数，从容地做好每一件事。

③利用日历创建每日做事清单。在你了解到自己的学习任务后，还要利用好日历，把计划要做的各类事项展示在日历中，把事情安排得明明白白，按时按点去完成，这样，你就能有条不紊地推进自己的学习和日常生活。

2. 在学习上，追求完美没有问题吧

在学习上追求完美主义，看起来是一件好事，如果你在学习的过程中非常努力且尽善尽美地完成自己的学习任务，那说明你的学习态度是非常端正的。但是你要知道，我们任何人的精力都是有限的，我们可以把一些事情做得完美，但难以把所有事情都做得完美。

完美和效率要有效地平衡起来。

在学习过程中一味地追求完美实际上是在给自己增加做事的难度，你需要适当地放下完美主义，平衡各项学习任务，这样才能在总体上实现完美。而且，在某些情况下坚持把事情做得完美的想法，可能会阻碍你前进。因此，我们需

要对自己的能力做一个切合实际的评估，对事情的轻重缓急做出判断，既要保证质量，又要保证效率地去完成学习任务。

例如，当你有好几件事需要在某一段时间内完成时，你可以将这几件事写出来，给它们标上不同的颜色加以分类。

 红色
代表最重要的事，不仅要按时完成，还要尽量做得完美。

 黄色
代表较重要的事，要做好，且以做完为标准。

 蓝色
代表次要的事，可以暂时不用做完。

你把要做的事按颜色分类之后，就要为它们安排时间：为红色任务预留最多的时间，以完美地做成这件事；为黄色任务预留较多的时间，以按时完成这件事；为绿色任务预留最少的时间，根据实际情况完成即可。

所以，你要适当地舍弃把所有事情都做得完美的想法，灵活应变。例如，老师让你写一篇作文，那么你的目标就是完成这篇作文，你可以先把自己的相关观点记录下来，不要花很多时间去琢磨某一个观点，以免耽误整体时间。然后，你边写边完善自己的观点。在这段时间内，你只专心写作，等写完之后，再利用修改时间进一步完善即可。

第 **2** 章

预习有方法

课前预习，是不是越早越好呢?

高效预习，为学习进步打好基础

½ 通过预习，你能提前熟悉即将学习的课程，从而有重点、有目的地听讲，这样学习效果更好。通常，提前一天预习第二天要上的课。有时，为了更好地理解即将学习的内容，你还可以多预习几遍，这样上课听讲时会轻松不少，效率也会更高。下面有一些比较理想的预习方法，你也来试一试吧。

1. 控制时长预习法

通常，我们预习每门课不需要花很长时间，根据不同学科的难度，将简单学科的预习时间控制在 10~15 分钟，较难学科的预习时间控制在 15~30 分钟即可。预习时并不要求你把将要学的内容理解得非常深，只要能发现问题，能让自己带着问题和好奇心去听课就算是达成了预习目的。

预习时，首先，把即将学习的内容浏览一遍，了解其篇幅和框架；其次，将内容通读一遍，朗读或默读，遇到生字及时查字典；最后，遇到难懂的地方用彩笔或者符号做好标记，上课时作为重点去听。

由于我们的时间和精力都是有限的，所以你在使用控制时长预习法时，一定要把控好时间，以免因为预习时间过长导致没有时间做作业、睡觉或者进行其他活动。

2. 目标预习法

目标预习法，就是在做预习时要有一定的目标。通常，预习目标可以从以下三方面着手。

首先，巩固旧知识。即将要预习的内容，一般是前一课知识的延续。因此你在开始预习前，要先对旧知识进行复习。温故而知新，通过复习，你不仅可以巩固旧知识，还能有效消除前期遗留的知识盲点和疑难问题，以扎实的旧知识做铺垫，接下来的预习肯定会轻松不少。

其次，了解新知识。预习并不是让你透彻地自学新知识，而是让你对新知识有一定的了解。例如，通过预习，可以了解新课文的关键章节、段落，了解下一节数学课要讲的关键概念、公式……所以，你只需要通过预习，熟悉即将要学习的内容，知道新知识的基本逻辑即可。

最后，发现知识难点。在预习的过程中，你可能会遇到一些难以理解、令自己一头雾水的内容，此时，你不要被这些知识吓住，更不要苦恼。预习时，出现这种情况是非常普遍的，你只需要将自己不懂的知识难点标注出来，等课上老师讲到这块内容时，全神贯注地听讲，做好相关笔记即可。

时间管理

用好临界点转换法，养成预习习惯

1. 成功运用临界点转换法，提升预习时间管理能力

我们总是把时间分成一段一段地进行各项活动，每项活动之间的衔接时间就是临界点。临界点转换的难易程度通常取决于各项活动安排的合理性。通常，临界点转换可以用来考验一个人安排活动顺序的能力，可以体现一个人做事是否有条理。例如，你要泡一壶茶，那么你可以先烧水，烧水的这段时间，你可以清洗茶具、取出茶叶，等你做好这些，水也快烧开了，然后你就可以泡茶、喝茶了。

就预习这件事，如果你觉得平时没有时间来做的话，你可以试试临界点转换法。

例如，如果你已经做完某门课的作业，但离你计划的结束时间还有一段时间，那么你可以利用剩下的这段时间来预习这门课。你通过做作业正好复习巩固了前面的知识，此时，趁热打铁进行预习，效果肯定不错。或者是你提前安排时间，先用一段时间来做所有课程的作业，等做完之后，休息一会儿，用接下来的一段时间专门预习即将学习的新知识，同样是有效的临界点转换。

要想把临界点转换法巧妙地用在预习上，就要提升自己的时间管理能力和活动安排能力，也就是说，你要安排好自己某一天当中某一时段的活动，把做作业和预习安排在相邻的时间段，让自己做完作业后顺利地转入预习状态，而不是中间再夹杂其他一些活动。

尽管巧妙使用临界点转换法可以有效地提升预习效率，但还是有很多同学做不到，他们经常认为自己刚做完作业，又要接着预习会很累，还不如写完作业后玩会儿游戏或者画会儿画再预习。面对这种情况，我们还是要学会把最重要的事安排在前面，次要的事往后推一推。就像每天写完作业后接着预习一样，如果你能高效利用时间把最重要的事快速做完，往往能为你做其他事情留出更多时间。

2. 高效预习，帮你梳理新知识

相关研究发现，通常小学低年级的学生能集中注意力的时间大约为 20 分钟，高年级学生能集中注意力的时间大约为 30 分钟。那么你在认识到临界点转换的重要性之后，可以根据自己的年龄阶段，利用自己注意力能集中的时间来高效预习。

通常，不同的年级的学生可以根据课程难度、作业量等合理安排预习时间。低年级的课程难度较小，每学科花 10~15 分钟预习即可；到了高年级时，课程难度和作业量稍有增加，为了保证听课效率，你可以每学科花 15~30 分钟预习，当然你比较擅长的学科可以少花一些时间，把多余的时间用到对你来说难度更大的学科的预习上。

具体来说，高效预习可以按以下方式进行。

首先，做完某一学科的家庭作业后，快速地回顾、温习一下当天所学的内容，看看笔记、学习资料等，这个过程大概需要 5 分钟。

其次，预习新知识。在预习新知识时，也要注意方法，例如数学这类比较抽象的学科，如果你觉得新的公式或定理理解起来有难度，那么可以结合具体例题来理解，这样不仅能有效降低你理解相应的定理或公式的难度，还
不容易把它们弄混。

　　最后，勤动笔记录。在预习的过程中，对于那些难度较
大或者预习之后仍然存在疑惑的知识点，你可以用彩笔标
注，写出自己的疑问，或者直接用下划线等标出你不理解的
点，然后在上课时跟着老师认真地学，深入地理解。

提前做好预习，课上事半功倍

1. 预习真的有用吗

　　关于预习到底有没有用，我们先来看一下预习和不预习
各有什么样的影响。

　　不预习：听课时会更有新鲜感，大脑也会更加兴奋、活
跃，有助于在课上吸收新知识。

　　预习：听课之前，能确定老师接下来要讲的内容是什
么。这种确定性能使内心安宁，能让自己以更好的状态学

习知识。

有些同学之所以对预习有所质疑，是因为他们还没有掌握有效的预习方法。比如，有些同学预习时只是走马观花般地将课本内容阅读一遍，没有对知识点进行思考，也没有发现问题或提出问题，知识没能在大脑中留下深刻的痕迹，那么这样的预习就没有意义。

实际上，预习对听课是很有帮助的。如果不预习，你很可能跟不上老师的思路，导致听课效率不高；也可能理解不了深层次的知识，无法有效地吸收知识。

预习的主要目的是让你带着问题去听课。通过预习，你能了解将学习哪些知识点，这些知识点之间存在哪些联系，

每个知识点对应什么样的例题，这些例题的难度如何，学习这些知识点可以解决哪些问题……

可以说，预习是为学习知识做铺垫的过程。通过预习，我们可以分三个层面对将要学习的知识进行整体把握。首先是思想层面：我们是基于什么样的现实需求而学习这个知识点的呢？为什么会产生用这种方法解决问题的想法？其次是方法层面：人们是如何得出解决某个问题的具体方法的呢？这个方法的关键点是什么？在得出这个方法的过程中用到了

哪些思路？最后是工具层面：这个知识作为工具解决了哪些现实问题？这些问题都是什么类型的？在解决现实问题的过程中怎样才能用好这个工具呢？

经过以上思考过程，你会发现自己能由一个知识点引申出许多问题，当你带着这些问题去听课时，会有明确的关注点。而且，你把这些问题解决之后，会有一种豁然开朗的感觉。所以，借助预习，你更容易在上课时把知识消化、吸收。

2. 自主学习力比较差，是不是就不能预习了

如果你觉得自己的自主学习力比较差，没有足够的动力预习，那么就学会下面这种方法吧，它会让你每天放学后把时间高效地利用起来，并完成预习任务。

你先计算一下你放学后从到家一直到睡觉前，到底有多长时间呢？接下来要做的就是把这一大段时间分成四小段：休息、复习、做作业、预习。1234

①休息阶段：你放学回到家中，可以先在晚饭前做一些自己喜欢的事，比如看动画片、下棋、弹琴、运动等。这样，你能够身心放松、愉快地吃晚饭。

②复习阶段：吃过晚饭后，你可以帮爸爸妈妈干一点儿

力所能及的家务。在你做完这些后，就要准备进入复习阶段了。之所以把复习安排在写作业前面，是因为通过复习你可以将当天新学的知识巩固一遍，有利于将这些知识记得更牢，这样，写作业的过程中你就不需要频繁地翻课本、翻笔记找对应的知识点了，从而提高你写作业的效率。

③做作业阶段：完成复习后，你就要开始写作业了，这一阶段通常会花较多的时间。在开始动笔前，你自己或者和爸爸妈妈一起评估一下作业的难易程度，给每科作业各规定一小段时间来完成，也就是把完成作业这个大目标分成小目标来实施，这样写作业的过程会变得更高效。每写完一科的作业，可以适当休息一会儿，然后写下一科的作业。

预习阶段：完成复习和作业之后，你的大脑对所学的知识已经形成了强化记忆，有了这个基础，你就可以趁热打铁，开始预习了。具体的预习方法前面已经介绍过了，你学以致用就可以。

像上面这样安排课后时间，实现了劳逸结合，不仅会增加你主动学习的动力，让你顺利完成预习任务，还会让你处于最佳学习状态，简直是一举多得。

完成预习这项任务之后，距离睡觉可能还会

有一些时间，你可以利用这段时间阅读课外书或者和爸爸妈妈玩一些小游戏，再次放松身心，然后上床睡觉，进入甜美的梦乡。

第 3 章

听课有方法

认真听课了，可是知识怎么还是掌握得不好呢？

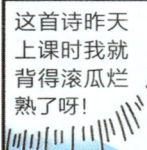

充分利用课堂时间，把知识记得又快又牢

有效听课，并不仅仅是努力跟上老师的讲解，还要在听课的过程中加入自己的思考，通过自己的思考将老师传授的知识转换成自己的知识，并在自己的大脑中形成相应的知识体系和解题思路。

1. 你会听课吗

在每一堂课上，你都认真听课了吗？每位老师的讲课风格各异，你会不会特别喜欢某些老师的讲课风格？有没有你特别感兴趣的课……

我们总是告诉自己上课一定要认真听讲，把课堂知识牢牢记在大脑里，可是在课堂上，我们时不时地就把认真听课这件事抛在了脑后。

心理学研究发现，当人的大脑一片空白时，很容易接受新的知识或理念。这就像是在干净的白纸上，写出来的字会非常清晰，而在那些涂满字画的纸上，再写上去的字就很难看清了。

因此，在听课时，如果你对这门课或者教这门课的老师抱有意见，上课时，你的大脑就将关注的重点放在了对这门课或对老师的评价上，而不是接纳新知识。长此以往，你的听课效率就会大打折扣。

通常，我们头脑中已经形成的某种观点或态度，往往会对后来进入大脑的信息产生干扰，甚至是排斥，进而削弱或抵制新进入的信息，或者用自己已形成的观点对新进入的信息做出不同的解释。

如果你的头脑被某种情绪、一些刻板印象、少许偏见等"控制"，那么上课时就容易开小差，并且认为自己课后学一学就能掌握课堂知识。如果是这样，就得不偿失了。课堂时间就是用来让你学习本节课的知识的，你要做的就是摒弃那些对听课和学习没有帮助的想法，利用好课堂时间，"竖起"耳朵好好听课。

当然，提高听课效率也是有办法的：一定要提前预习，带着与课堂内容有关的问题听课，效率会高很多；动用你的手、脑、嘴一起来听课，即不仅要用头脑记忆知识，还要针对不同的课程动用手、嘴等来辅助记忆。例如在数学课、科学课、绘画课、书法课上，你要动手计算推导、操作、写写画画等；在语文课、英语课、音乐课上，你要张开嘴朗读或背诵课文，练习英语口语，唱准音调，等等。

2.高效记笔记，吸收课堂所学知识

记笔记是上课听讲过程中的一个重要环节。关于记笔记，并不是翻开一本空白的笔记本记录就行了，你可以试试以下几种高效记笔记的方法。

①康奈尔笔记法：又叫作 5R 笔记法，它是由康奈尔大学教授沃尔特·波克提出的，是一种风靡全球的笔记法。5R 是 Record（记录）、Reduce（简化、简写）、Recite（背诵、记忆）、Reflect（思考、回顾）、Review（复习）这 5 个词的缩写。

康奈尔笔记法是一种系统、完整的笔记方法，涵盖了从课堂记录到课后复习的全过程。在使用康奈尔笔记法时，你需要先将笔记本分成三个部分：关键词区、笔记区、总结区。

关键词区	笔记区
·提出疑问 ·总结关键词	记录课堂内容 ·使用简洁的语言 ·使用简便的符号 ·使用缩写 ·写成条目 ·每条之间留有空白
（课后复习时填写）	（听课时填写）
总结区	
·写下心得、体会 ·写下最重要的事项 ·写成便于快速查找的样式　　　（课后复习时填写）	

②麦肯锡笔记法：它来源于麦肯锡公司，是一种先观察并发现问题，再分析、判断，最后找到适合的解决方案的笔记法，特别适合用于分析和解决问题。麦肯锡笔记法的形式主要如下图所示。

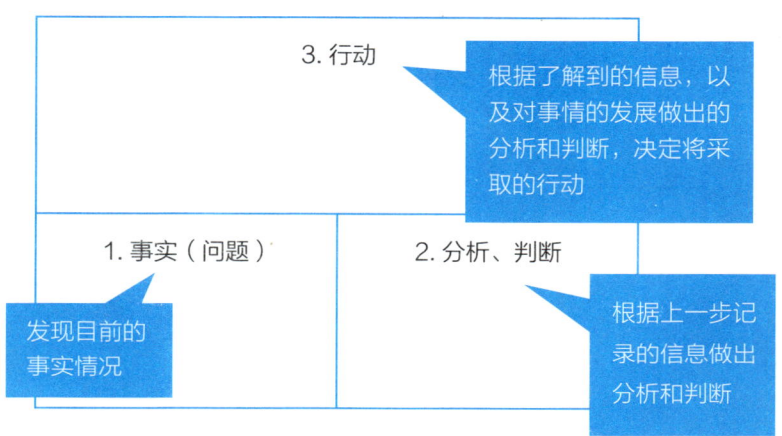

③思维导图法：就是利用思维导图的方式对知识进行概括总结，是一种清晰明了的做笔记方法。常用的思维导图有以下几种，你在做笔记时可以借鉴。

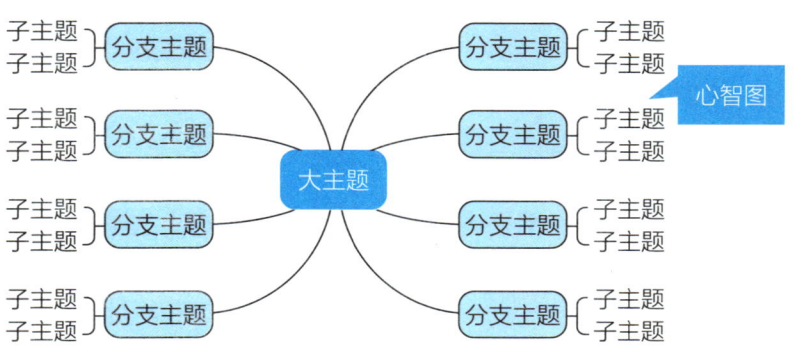

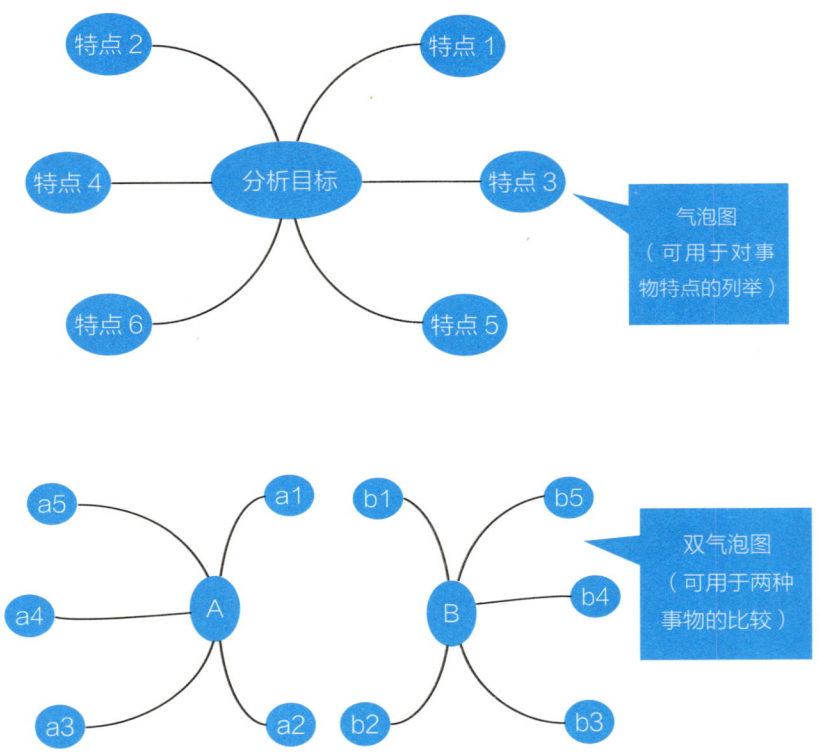

气泡图
（可用于对事物特点的列举）

双气泡图
（可用于两种事物的比较）

④九宫格笔记法：是一种比较适合在进行头脑风暴时使用的笔记方法。具体为：在笔记本上画出九宫格，再从中心发散到四周，适合用于记录思考时产生的灵感、创意等，也适合用于做读书笔记。

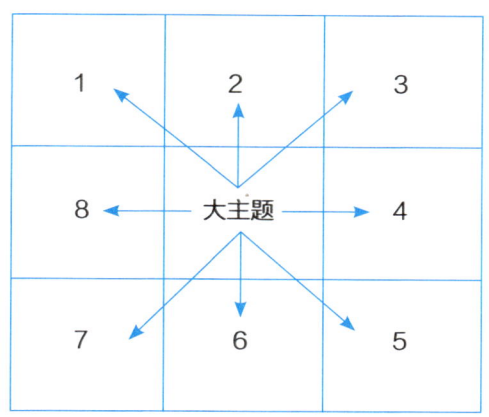

3. 记笔记的三个原则

无论是上课听讲，还是日常阅读，我们都有记  笔记的需求。不过，你在记笔记时，请注意以下三个原则。

原则一：记笔记不是抄书，也不是照搬老师的讲课内容。

原则二：一定要复习笔记内容，通过复习和理解笔记内容，有效掌握所学的重点知识。

原则三：要着重记录文章提纲、重点知识及书上没有的内容，也可以记录自己有疑问或者容易出错的内容。

有些同学上课时不会记笔记，只要一听到老师讲课，就在笔记本上记个不停，这其实就是不了解记笔记的原则导致的。此外，记笔记时要条理清晰地记录，多使用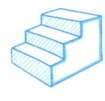
一些层级编号，例如可以用下面这些层级序号记
笔记。

标题层级示意一

一、
（一）
（二）
二、
（一）
（二）
……

标题层级示意二

1.
（1）
（2）
2.
（1）
（2）
……

此外，你还可以使用类似以下这些符号对重点内容进行
标记。

如果你喜欢用不同颜色的笔做笔记，也是可以的，普通
笔记内容如果用黑色，重点笔记内容就用自己喜欢的一种或
多种颜色。当然，你还可以用颜色醒目的荧光笔来给你笔记
中的关键内容涂色，让其变得更加醒目，这样能在你复习时
有效吸引你的注意力，加深印象。

时间管理

麦肯锡 30 秒电梯理论，直击课堂主题

1. 借鉴"麦肯锡 30 秒电梯理论"，让课堂时间效用最大化

麦肯锡公司曾经得到过一次沉痛的教训：该公司为一家重要客户做咨询，在咨询结束时，麦肯锡公司的项目负责人在电梯里遇见了对方公司的董事长，这位董事长便问麦肯锡的项目负责人："你能不能现在说一下结果呢？"由于该项目负责人没有准备，而且即使有所准备，也无法在电梯从 30 层到 1 层这短短 30 秒内把结果说清楚。最终，麦肯锡公司失去了这一重要客户。

经历了这件事后，麦肯锡公司要求员工凡事要在最短的时间内把结果表达清楚，凡事要直奔主题、直奔结果。麦肯锡公司认为，一般情况下，人们最多记得住一二三条，记不住四五六条，所以凡事要归纳在三条以内。这就是如今流传甚广的"麦肯锡 30 秒电梯理论"。

尽管"麦肯锡 30 秒电梯理论"主要在商业界使用，但它对我们学习课堂知识也有一定的启发。

我们知道，课堂时间是有限的，我们的注意力集中的时间也是有限的，那么如何在有限的时间内做到把重要的知识都听进去，把课堂笔记做得又快又好呢？

而且我们也知道，写字的速度往往跟不上老师讲课的速度。据统计，正常语速的人1分钟大概能说200个字左右，语速快的人1分钟能说300个字左右。如果没有经过特殊的训练，一个人写字的速度一般是1分钟写40个字左右。可见，就算你写的速度再快，也跟不上老师说话的速度。

所以，我们从"麦肯锡30秒电梯理论"中得到启发，总结了以下记笔记的小妙招。

①做好预习笔记，提前熟悉课堂重点知识。在进行预习时，你可以把课文的大意、中心思想、重点字词等，以及数学公式、有疑问的题目等简要地记录在笔记本上，这样上课时老师讲到相关内容时，可以及时将相关重点知识补充到你的预习笔记中，这样能让你有针对性地听课，把握重点。

②提炼要点，有选择性地记笔记。记笔记时，以下三项内容必须着重记录。

一是老师所讲到的重点、难点、知识结构和知识点之间的关系，比如语文课上老师讲到的文章写作背景、古诗词所表达的感情等；数学课上老师讲的解题思路、方法技巧等。

二是老师在课堂上给你的启发、老师反复强调的重要问题，以及分析问题的过程中老师画的辅助图、列的表格、写的文字说明等。

三是听课过程中你没有听懂的问题，你想到的某些题的其他解答思路或方法，先记录下来，课后再进行研究。

③运用简化技巧，提升记录速度。首先，你可以将文字简化。对于课堂上重复出现的人名、地名、专有名词等，你可以只在第一次书写时写完整，后续只用一个字或者更简化的字母、数字等代替。

其次，你可以用符号做笔记，用向上的箭头来表示增加（或上涨），用向下的箭头表示减少（或下降），用横向的箭头表示递进（或流程、发展方向等）；用阿拉伯数字1、2、3……表示顺序等。

总之，你要学会用自己看得懂的符号等简要地记笔记，以提升记录速度，把握课堂核心知识。

④课后及时查漏补缺，完善笔记。记笔记的过程中，你可能会遇到不会写的字，或者没有听清楚的内容，那么你可以用拼音代替或者先留下空格，课后及时查漏补缺，将笔记

补充完整。如果你对自己记的笔记不够满意，你还可以借鉴班上其他同学的笔记，在对比中发现别人记笔记的优点、自己忽略的项目等，然后及时完善自己的笔记。

2.训练专注力，充分利用课堂时间

想要把有限的课堂时间利用得最好，获得最佳学习效果，那么非常有必要从专注力下手。你可以试试以下方法。

①以愉快的心情学习。心情会影响学习效果。心理学研究发现，当人处在愉快的氛围中时，往往能取得不错的学习效果，学习效率更高。因此，你要学会调节自己的情绪，让自己保持愉快、轻松的状态，这样有助于取得更好的学习效果。

你可能也有过这样的体验：当你心情愉快时，干什么事都是乐呵呵的；而当你心情糟糕时，看很多事都不顺眼。可以看出，愉快的心情，能使人振奋、乐观、朝气蓬勃，有助于创造性与主动性的发挥；悲伤的心情，会让人颓废、悲观，不但妨碍学习，还会影响生活，甚至影响到身边的人。

所以，在你提升课堂专注力的过程中，要先调控好自己的情绪，在愉悦情绪的带动下，大脑

吸收知识的效果更佳。

②记录走神能减少走神。如果你上课时经常走神儿，那么你可以试着记下你上课走神儿的时间和走神儿的次数，更详细一点儿的话，你还可以记下自己走神儿时老师在讲什么，这样你就可以在下课后问问同学，或者回家后请教爸爸妈妈。

当我们记录自己的走神儿情况时，"记录"这个动作反而能将我们的注意力拉回来，还会让人产生与"走神儿"战斗的欲望。一天结束后，你查看自己的走神儿记录，必定能发现一些零零碎碎的时间在你不经意间溜走了，这反而有助于让你明白时间的可贵，产生珍惜时间的觉悟，进而改善你在上课时专注力不佳的问题。

③积极参与课堂互动。有时候上课走神儿，可能是你觉得这些知识与自己没有关系，觉得课堂上学的课文、数学公式、英语单词等就是印在纸张上符号，用不到现实生活中，自然就容易走神儿；还可能是因为你害怕自己答错老师的提问，或者怕答错被老师批评，于是不主动积极地思考和参与课堂互动，只是单纯地听老师讲课，结果不经意间就走神儿了。

在课堂上这么容易走神儿，那该怎么办呢？

防止走神儿的有效方法就是：积极参与课堂互动，进而提高自己的课堂参与度，将自己的注意力拉回课堂，以防走神儿。

例如，通过预习，你可能会有一定的收获和产生一些疑问，那么课堂上你可以积极举手回答老师的问题，或者向老师请教问题。此外，你还可以积极参与课堂上的小组讨论，积极代表小组发言等，这些都是你提高课堂参与度的途径。

老师都非常希望学生能积极参与课堂互动，能及时举手回答老师的提问。当学生能够有效回应老师时，课堂学习效果更好。所以，在课堂上你一定要表现得更加积极一些，让自己喜欢上学习知识的过程，让自己全身心地投入到课堂中，进而提升专注力。

問答广场

学会抓重点，做高效学习的明白人

1.弱势科目该怎么拯救呢

学校为学生开设的每一门课程，都有其科学性和合理性。你学习这些课程的过程，就是一个开阔视野、训练思维的过程。如果你对某一学科不感兴趣，出现偏科现象，进而让这一学科成为你的弱势科目，这对你来说实际上是一种损失。因此，你非常有必要通过以下步骤拯救你的弱势科目。

①建立对弱势科目的自信心。即使你某一学科学得比较差，你也要相信，通过努力，一定会取得进步。通过这种正向的心理暗示，你就能发现自己拥有无穷的潜能，可以学好任何一门课程，战胜学习中的任何困难。

②诊断偏科原因。我们为什么会偏科？原因有很多：不太擅长某一学科；对某一学科对应的领域不感兴趣；不

喜欢某个老师，顺带着连这一学科也不喜欢了；受爸爸妈妈的态度和言语影响，比如，有些家长常在孩子面前感叹自己"没有语言天赋""没有数学细胞"等，认为孩子会像自己一样，也学不好相关的科目，于是导致孩子认为自己天生就学不好某一学科，从而放弃努力，导致某科的成绩下滑；等等。

找到自己偏科的原因后，接下来就要分析一下自己的偏科情况。比如，自己有哪些弱势科目？是否要采取行动拯救弱势科目？弱势科目的薄弱程度如何（差——不及格、较差——勉强及格、中——成绩中等的科目、轻——很难考出满意的成绩）？

③从课本入手拯救弱势科目。从课本入手，是拯救弱势科目的有效途径。课本是学科知识的源头，利用好课本，首先能让你抓住该科目的基础知识，在熟练掌握基础知识的基础上，你可以通过做练习题巩固和拓展知识。此外，根据你对弱势科目掌握的实际情况，你还可以使用一些学习资料，来辅助你更好地理解科目的基础知识。

拯救弱势科目要杜绝题海战术。你可以选择一本习题集，将其吃透；利用错题本及时纠错；勤复习；在遇到困难的时候，及时向老师、同学、家长请教。

某些科目之所以会成为你的弱势科目，就是因为你的重视程度不够，所以你要多用心，勤复习，让自己熟能生巧。

2. 课堂小组讨论时怎么做笔记

小组讨论是一项重要的课堂活动，有时，你被分配的任务可能是做讨论笔记。此时，你需要认真记录讨论情况，以便整理大家的讨论结果以及向老师和同学汇报。

做小组讨论笔记时，你要记录的是每一位小组成员发表的重要观点、理由和建议。因此，为了有效记录这些信息，你需要认真参与小组讨论，并提炼每个人的发言。大家发言结束后，你稍作整理归纳，不要在他人的发言中加入个人的主观判断，真实记录每个人的发言即可。

为了做好小组讨论笔记，你可以参考以下步骤。

①在讨论前做好准备。作为小组讨论的记录者，你要提前明确讨论的主题，也可以查找一些资料，这对你做讨论笔记也是有帮助的。如果你提前查找过资料，可能当同学说出某个专有名词时，你一听就知道是什么意思。

②翔实记录小组成员的讨论内容。尊重每位小组成员的发言，把他们的发言内容详细记录下来，这样就能把大家

的观点、想法等汇聚起来，在后续执行时，大家也会言行一致、各司其职、减少矛盾，让讨论结果顺利地付诸实践。

　　③讨论结束后要整理讨论笔记。整理讨论笔记，能让讨论过程和讨论结果一目了然，既便于老师和同学查看，也便于在下次讨论时大家有效把握重点，及时重启讨论。

第 **4** 章

作业有方法

写作业慢是懒虫在作怪吗?

技能胶囊

用对方法，成为做作业小能手

欲得真学问，须下苦功夫。做作业是巩固和应用所学知识的过程，是我们学习过程中的重要任务。有些同学做作业时总是拖拖拉拉，本来一小时就可以写完的作业，却磨蹭到睡觉前才完成。出现这种情况的主要原因是这些同学缺乏自主安排作业的能力，不会分配时间，注意力不集中。

1. 按时完成作业很重要

按时完成作业是对每个学生的基本要求，但有些同学因为各种原因，比如写字速度慢、专注力不强、不注重学习方法等，经常"奋战"到很晚……他们看似是在非常认真且努力地写作业，但实际上并没有利用好时间，也没有高效完成作业。

为了按时完成作业，你可以试试以下方法。

①固定自己做作业的时间段。你可以根据自己的放学情况、晚饭时间等，确定一个写作业的时间段，比如晚饭后一个半小时内完成所有作业。通过设置这样的时间

段，你会有一种时间紧迫感，更能意识到时间的重要性，从而利用好时间。

②适当地奖励或惩罚自己。如果你能在固定的时间内按时完成作业，你可以适当地奖励自己，比如多看半小时课外书；如果没按时完成作业，甚至延长了时间你也没能完成作业，那有可能是自身专注力不够的缘故，此时你就要适当惩罚自己，比如，如果出现一次这样的情况，一周内不能玩玩具。

③多向能按时完成作业的同学学习。自己不能按时完成作业，很可能是做作业的方法有问题，那么你可以请教一下那些总是能按时完成作业的同学，问问他们是如何做到的，把他们的经验和方法在自己身上试一试。

2. 注意做作业的顺序

有些同学做作业时会有这样的习惯：总是先写自己喜欢的那门科目的作业，而且还会提前完成，而对于那些自己不太喜欢的科目的作业，心里会有一些抵触，总是拖到最后才写。

如果出现这种情况，我们就要注意写作业的顺序。

如果作业量比较大，而且你心里还对某些科目的作业有抵触心理，那么你需要提前分配好做各科目作业的时间。为了给那些较难完成或者需要较多时间的科目作业留有足够的时间，你可以利用晚饭前的时间完成那些你做起来比较快的作业，把比较耗时的作业放在饭后来做，比如背诵、作文、画手抄报等。

如果你是低年级的学生，不太会安排作业顺序，你可以请爸爸妈妈帮忙，并说清楚自己的想法；如果你是高年级的学生，那么你就要学会自己做决定，安排好先做什么，后做什么，一项接一项地完成作业即可。

3. 克服写作业速度快但错误多的毛病

有些同学做作业的速度特别快，但常常出错。除此之外，这些同学做作业时，专注力低，特别容易被外界干扰，不会做计划，时间管理能力弱，容易忘事，总会漏掉几道题。

如何才能克服速度快但错误多的毛病呢？

学会制订写作业计划。你要为每项作业合理分配时间，或者设置一个截止时间，并放弃以前那种火急火燎地完成作业的心态。如果你制订计划后不

能很好地执行，可以请爸爸妈妈监督你执行写作业计划，帮你卡好时间节点，慢慢地，你就能自己掌握写作业的时间和节奏。

每次写完作业后，你都要进行总结，看看自己执行计划的能力有没有变强，还有哪些需要改进的地方……这有助于你更好地完善和执行写作业计划。

当然，你也要为认认真真完成每一次作业的自己加油打气，认可自己的付出与收获，把自己的成就感分享给爸爸妈妈，获得他们的认可和夸奖，这会让你越做越好，越学越开心。

时间管理

番茄时钟法，帮你提升时间利用效率

1. 番茄时钟法：劳逸结合，做作业更高效

番茄时钟法是一个简单易行的时间管理方法，它不仅被很多大人用来管理工作时间，也非常适合

小学生用来管理自己的作业时间。

　　番茄时钟法是指将一项工作或学习任务在一个或多个番茄时间内高度专注地完成，而每结束一个番茄时间，可休息几分钟。通常，一个番茄时间为不间断的 25 分钟，这样设定是为了减轻人们的畏难情绪——30 分钟就是半个小时了，而 25 分钟还不到半个小时，这会让人们在心理上更容易接受。

　　①设置番茄时间的时长。尽管通常人们将一个番茄时间设为 25 分钟，但如果你觉得目前自己的专注力较差，那么可以将一个番茄时间设为 10 分钟或 15 分钟。随着专注力的增强，慢慢将番茄时间增加到 25 分钟。

　　②计时，开始写作业。确定好自己的番茄时间的时长后，准备好计时器（手机、闹钟等）开始计时。

　　一定要注意，在一个番茄时间内，要保持专注，只做与学习相关的事，不做其他任何事情，以达到培养专注力的目的。

　　③劳逸结合。一个番茄时间结束后一定要休息一下，如果你成功地在限定的时间内一直专注于学习任务，那么接下来你可以休息 5~10 分钟，不要马上进入下一个番茄时间。

每过 3~4 个番茄时间后，可休息 30~60 分钟。

④持续训练。在运用番茄时钟法的初始阶段，你可能会因为分心或其他事情而中断学习任务，不要自责。每个人的时间管理能力都不是天生的，需要慢慢训练才能逐步形成。

不过，在使用番茄时钟法时，如果中途分心了或去做其他事情了，那么这个番茄时间就无效了，你需要立即中止这个番茄时间。等你再次准备好了，重新开启一个番茄时间。

下面是一张"番茄时间每日记录表"，你可以用来参考制作和记录自己每天的番茄时间使用情况。

番茄时间每日记录表			
202__年__月__日 番茄时间数量：_____			
任务	番茄时间记录	预计用番茄时间数量	实际用番茄时间数量

任务	番茄时间记录	预计用番茄时间数量	实际用番茄时间数量

今日完成情况小结：

2. 做好上学期间每天的作业计划

在了解了番茄时钟法后，你可以根据自己每天的放学时间及晚餐时间，来制订自己每天的作业计划。例如，下面是某位同学放学后的计划表，你可以用来参考制订自己上学期间每天的作业计划。

上学期间每天计划

202___年___月___日 学校：_____ 班级：_____ 姓名：_____

时间	内容	备注
7:00—8:00	起床、早餐	
8:00—15:30	上学时间	
15:30—16:00	放学回家	
16:00—18:00	自由活动	
	运动	1个番茄时间，时长25分钟，休息10分钟
	练乐器	2个番茄时间，每个时长25分钟，中间休息10分钟，其他时间自由活动
18:00—18:30	晚饭	
18:30—21:00	复习	1个番茄时间，时长25分钟，休息5分钟
	做作业	3个番茄时间，每个时长25分钟，休息5分钟
	预习	1个番茄时间，时长25分钟，休息5分钟
21:00—21:30	自由活动、洗漱	
21:30	睡觉	

问答广场

管理作业，我的事情我做主

1. 全负荷地做作业，我快成做作业的机器了

你有没有遇到过这样的情况：做完作业之后，离睡觉还有一段时间，于是爸爸妈妈就继续给你"加餐"，布置额外的作业让你来写。

面对这种情况，你肯定会有不情愿的时候，觉得自己连一点儿自由的时间也没有了，自己就像是一个做作业的机器。这真是让人苦恼。

当你被无穷无尽的"加餐"作业困扰的时候，你一定要及时和爸爸妈妈沟通，要让他们看到你的学习效率和结果，而不是只看到你时间充裕。为此，你平时要好好学习，高效、高质量地完成作业，发展自己的兴趣爱好，让课余生活丰富起来，这样，爸爸妈妈看到你除了努力学习之外，还会自己主动安排时间来发展和提升自己的兴趣爱好，就会放手让你来安排自己的时间。

要记住，学会管理自己的空闲时间，在空闲时间多做一些有意义的事，例如读书、练字、弹琴、运动、听讲座，这是帮你远离"做作业机器"的重要途径。

2. 做作业时老发呆该怎么办

做作业时老发呆，很可能是你对某门课不感兴趣，从而一到做作业的时候，兴致就不高，特别不愿意动手。

如果你因为不喜欢某门课而在写作业的时候老发呆，那一定要想办法改善。你可以多视角地审视这门课，想一想这门课的应用范围、可以解决的问题、你在学习中获得的一些收获。此外，你还可以看一些与这门课相关的讲座，看看与这门课相关的领域的学者都做出了哪些研究成果等。

通过这种主动的思考，你可能会发现你不太喜欢的这门课竟然有这么多闪光点，如此有魅力。慢慢产生学习这门课的热情，进而能认真对待这门课的作业，并主动且及时地完成它。

当然，做作业时老发呆，还可能与你心里想着其他事、没有将自己的心思放在学习上有关。当你一个人不能消化很多事的时候，你可以试着向爸爸妈妈分享这些事，让他们帮你答疑解惑，进而让你的内心归于平静，这样你就能慢慢学会在学习过程中保持稳定的心理状态。

第5章

记忆有方法

为什么学过的知识我总是记不住？

正确记忆，破解记忆难题

我们的大脑非常强大，可以存储很多很多信息。尝试一些特定的方法和技巧，通过有效的记忆训练，能激发出大脑更加强大的记忆潜能，把有关信息转化为长期记忆，让学习变得更加轻松。

1. 图像记忆法

图像记忆法的手段是联想，即通过联想将需要记忆的知识转化为图像，进而实现记忆，这种记忆方法并不讲究所联想的图像是否合理。此方法广泛应用于我们的生活和学习中，并有很好的记忆效果。

例如，看到这样一组词：天空、公交站、学生、夕阳、鸣笛声，如果你进行画面联想，脑海里有可能出现这样一幅画面：傍晚时分，太阳将要落下，又到了一天的晚高峰时间，放学的学生三五成群地来到公交站，他们听着时不时响起的鸣笛声，等待着各自要坐的那一趟公交车。

图像记忆法可以应用于任何你需要的记忆的内容。例

如，背诵古诗词时，你可以根据诗词描绘的
内容，进行画面联想，这对你背诵古诗词很
有帮助。

在使用图像记忆法时，需要注意以下问题。

首先，我们需要了解自己准备记忆的内容属于哪种类型。例如，记忆内容属于抽象类的，那么我们就要进行大胆的联想和想象，为记忆的内容找到所能依托的形象。

其次，虽然图像记忆法比较常用，但并不是所有的记忆内容都适用这种记忆方法。例如，对于一些数据性的信息，可能无法进行图像记忆。

在学习的过程中，我们使用图像记忆法时，要将自己的思维打开，这样即便是抽象的记忆内容，也能为其找到合适的图像。

2.缩略词记忆法

缩略词记忆法常用在某一系列知识的记忆情景中。这种记忆法的要领是：首先，将需要记忆的内容拆分成若干个片段（或关键词）；其次，把这几个片段的关键元素组成一串缩略语；最后，熟记这串缩略语，以这串缩略语为出发点，以点带面地记忆全部内容。

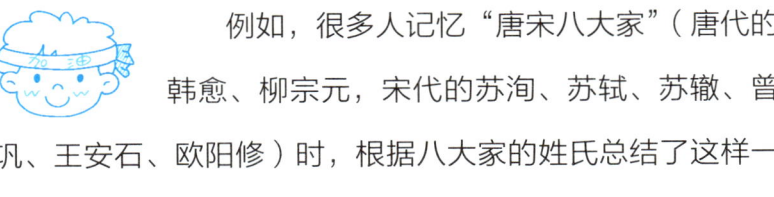

例如，很多人记忆"唐宋八大家"（唐代的韩愈、柳宗元，宋代的苏洵、苏轼、苏辙、曾巩、王安石、欧阳修）时，根据八大家的姓氏总结了这样一个便于记忆的口诀：一韩一柳一欧阳，三苏曾巩带一王。

还有人将我国的行政区域编了一个口诀：黑吉辽，蒙新甘，陕宁青藏云贵川，两广两湖两河山，港澳苏浙闽皖赣，京津沪渝台海南。分别指的是：黑龙江、吉林、辽宁，内蒙古、新疆、甘肃，陕西、宁夏、青海、西藏、云南、贵州、四川，广东、广西、湖南、湖北、河南、河北、山东、山西，香港、澳门、江苏、浙江、福建、安徽、江西，北京、天津、上海、重庆、台湾、海南。

这种利用缩略词编的口诀，记忆起来就容易多了。

3. 多感官协同记忆法

多感官协同记忆法，就是调动我们的视觉、触觉、嗅觉、听觉等，使其共同参与知识的记忆。

古人读书讲究"三到"，即眼到、口到、心到，说的就是在读书的过程中，要用眼睛去看，用口去读，用心去记。这也就是我们今天所说的多感官协同记忆法。这种多种感官一起进行记忆的方法要比单感官记忆效果好得多。

　　心理学研究表明，通过不同的感觉器官接收的外界信息，对大脑产生的刺激强度有很大的差异。多感官同时参与记忆过程，能对大脑产生更大强度的刺激，在大脑皮质层上留下深刻记忆痕迹，从而实现更好的记忆效果。

　　记忆时动用的器官越多，记忆越深刻。同一个信息，通过眼、手、脑同时进行记忆，自然会让大脑皮层各个相对应的区域产生不同的兴奋点，从而让我们把知识记得更加牢固。

　　例如，记单词时，你除了可以用眼睛看之外，还可以听录音，并用嘴巴把听到的单词对照着书本读出来。这样，在同一时间内，你就调动了自己的视觉听觉。在对单词有了一定的了解之后，你还可以不用看课本，直接听音频默写单词，手脑并用，能把单词记得更牢。

4.归纳分类记忆法

　　归纳分类记忆法，是指将记忆内容按不同属性加以归纳，然后再分门别类地记住这些内容。利用这种记忆法能够让我们掌握记忆内容之间的关系，从而更容易记忆。

使用归纳分类记忆法时有以下注意点。

首先，在对记忆内容进行分类之前，要先确定归纳分类的原则，该归纳什么，该放弃什么，都要明确。

其次，在归纳之后，我们的记忆目标会变得更加明确，在记忆过程中，注意力会更加集中，可避免不同内容之间互相干扰。

最后，在归纳分类的过程中，我们通过对各类内容进行对照、对比，能从中获得新的启发，从而起到温故而知新的作用，并能够及时发现问题和解决问题。

在归纳分类记忆法中，归纳分类的标准不是单一的，也不是局部的，而是要我们站在全局，用全面的角度去思考和分类。只有这样，归纳才能足够彻底，分类才能足够清晰。在进行归纳分类的时候，可以遵循以下要求。

①归纳分类不是单纯地按照一个标准，可以按照记忆内容的结构、材质、颜色、大小、重量、属性等进行归纳分类，比如哪些内容可以根据属性不同进行分类，哪些内容能够按照结构进行分类……对不同的记忆内容，我们选用的归纳分类方法是不同的。因此，归纳分类一定要合理分类，不可单纯按照一种归纳分类办法进行。

②进行归纳分类时，分组的数量要适度。如果分组太多，记忆起来就比较费劲；如果分组太少，各组内容的数量就会增加，不利于记忆。心理学家通过实验研究发现，我们进行分类记忆时，各个记忆组中内容的数量应该以 5~9 个为最佳。

③对记忆内容的分类应该是对概念的分类。研究发现，人类的思维是以概念为基础来理解、把握事物的，因此，分类要能够揭示事物之间的内在关系，从而帮助我们进行记忆。

④归纳分类也可以按照逻辑学的关系进行。例如时间、事件、经过等。再如，对古诗进行归类，可以分为友情诗、壮志诗、思乡念人诗、咏史诗等。

时间管理

莫法特休息法，教你自由切换学习任务

1. 莫法特休息法帮你创造更多记忆时间

莫法特休息法的核心是：在不同工作之间进行切换。

对学生来说，莫法特休息法的核心就是在不同学习任务之间进行切换。

尽管莫法特休息法看似会让人们变得更加疲劳，但从科学的角度来说，这种将不同工作或学习任务进行切换的方法实际上让大脑得到了放松。例如，你用 25 分钟记忆完语文课文之后，可以用接下来的 25 分钟来记忆数学知识，这种在一段时间内来回切换学习内容的学习方式，避免了长时间学习同一学科的疲惫感，主动变更学习内容，能让大脑得到有效的调节和放松，进而使精神保持兴奋，从而达到充分利用时间间隔或空档的目的，创造出更多可供利用的时间。

我们之所以把莫法特休息法应用到记忆和学习上，是因为它具备以下优势。

①休息也是学习，学习也是休息，能极大地提高学生的学习效率。

②当大脑在不同的学科之间转换时，不仅能避免思维的僵化，更能使思维在碰撞中产生奇思妙想。

③这种灵活的记忆或学习任务自由切换的方式，具有很大的自主性，可以减少必须按照任务清单一项一项进行时产生的抵触情绪。

为了有效应用莫法特休息法，你可以按以下方式进行。

首先，在你的任务清单上写下你某天要处理的记忆任务。

其次，给这些待处理的记忆任务分类，可以按自己想做的程度分类，也可以按脑力使用程度（费劲或简单），还可以按记忆时的姿势（坐立式或走动式）分类。分类后，按轻重缓急的原则对记忆任务进行排序。

2. 辅助记忆方法，让知识填满每一个时间点

在掌握了一些记忆方法之后，为了能将我们的时间利用得更加充分，你也可以发挥自身的创造力，来发明一些更加适合自己的辅助记忆方法。例如，以下比较典型的辅助记忆方法，能让你随时随地记忆知识。

①事物记忆法，就是以特定顺序把熟悉的事物和需要记忆的信息联系在一起。当你走在校园的某条小路时，可以把这条小路当作记忆辅助物。如果你刚刚学了数学中的长度单位，那么你走在这条路上时，可以联想到所学的长度单位知识：路旁的树高约多少米，路边的草坪平常会被修剪到几厘米，花园中小蜜蜂的翅膀厚度是几毫米，花园栏杆高约几分米，自己的步幅大概是多少厘米……

在使用事物记忆法时，你最好选择那些突出的、容易记

忆的事物作为辅助，这样更便于你记忆。同时，在你把事物作为辅助记忆的工具时，要确定好每个事物之间的逻辑顺序，然后创造关联，把它们和要记忆的信息联系起来，这样才能高效记忆。

②韵律记忆法，就是创作属于自己的朗朗上口的韵律，并把它应用在日常的记忆任务上。之所以会有韵律记忆法，是因为我们很多人都能把小时候学过的一些儿歌牢牢记住，不信的话，你可以问问爸爸妈妈，他们肯定能记起一些小时候学过的儿歌，这是因为韵律会给人带来更加深刻的印象。因此，你可以把你熟悉的儿歌加以改编，融入需要记忆的知识点进行记忆。

③便利贴记忆法，就是把需要记忆的知识写在便利贴上，把它们贴到显眼的地方。这样你每看到它们一次就相当于记忆一次，重复多次，就能将知识记在大脑中。

挖掘记忆的秘密，唤醒内在记忆力

1. 晨起或者睡前是不是更适合记忆呢

心理学研究表明：晨起或睡前属于人的记忆高峰期。

晨起记忆力好是因为大脑经过一夜的睡眠，在早晨睡醒后会处于最清醒的状态。那么你起床洗漱结束后、吃早餐之前利用几分钟的时间背诵需要记忆的单词、课文等，通常效果很好。

而晚上睡觉前，尽管经过了一天学习和活动，身体处于较为疲劳的状态，但是如果你能克服困难，背几个单词、熟读一下古诗文、记几个数学公式或定理等，第二天起床后，你会发现大脑竟然记住了大部分你睡前记忆的知识。这是因为，在睡眠状态下我们的大脑通常不会受其他信息的干扰，能把睡前记忆的知识有效地存储在大脑中。

尽管晨起和睡前的记忆效果比较好，但要完全记住某个单词、某篇课文、某首古诗文、某个数学定理等，
还需要你多次重复这样的记忆动作，以加深印象，
使自己完全记住它们。例如，你晨起背的单词和古诗文，睡
前可以再次复习记忆，这种科学用脑的习惯，能让你的学习
变得更加轻松和高效。

2. 科技迅猛发展，电脑能代替人脑吗   NO

尽管科技迅猛发展，但是电脑还是不能完全取代人脑，
更无法代替人脑进行记忆。你可以这么理解，电脑只是人类
发明的一种工具，任何工具的正常运行，通常需要人的操作
来实现，离开了人及人发明的各种技术的支撑，电脑或许就
是一个摆设。

生物学家指出，成年人的大脑约由 800 亿个神经细胞构
成，每一个神经细胞就相当于一台微型电脑。而如果要制造
一台像人脑一样的电脑，那么至少需要 800 亿台微型电脑
构成一部深入"云端"的巨型电脑，若是其任意一个组件损
坏，这部巨型电脑将无法正常运转。

而你平时记忆各种知识等并不单单是记忆，更是一个理
解的过程，通过这个过程，你能从知识中获得情感共鸣、思
想感悟，最终它们会内化为你的精神营养。

尽管电脑不能代替人脑，但在学习的过程
中，电脑仍然是一个很好的学习工具。你可以
通过电脑访问一些线上学习资源网站（线上图书馆、学术期
刊网站、公开课网站等），来充实自己的课余生活；你也可
以通过电脑学习一些技能（画画、编程等），让自己变得更
优秀，成为一名全面发展的小学生。

所以，你可以让电脑成为你的学习工具，为你提供学
习资源、帮你整理学习资料等，而不是让它成为你的记忆
工具。

第 **6** 章

复习有方法

复习真的很重要吗?

毛毛,不是说下周有语文单元测试吗,可以复习一下哦。

只是单元测试而已,有复习的必要吗?这不刚刚学完吗?

周一语文课

单元测试

糟糕,我怎么好多词语不会写啊?

哇
93 分!
90 分!
88 分!
95 分!
86 分!
怎么我就……

妈妈,我这次测试没考好。都怪我没有好好复习。

你能发现自己学习中的问题就已经在进步了,以后要尽量避免出现这种问题。

原来复习这么重要,谢谢妈妈。

毛毛要加油哦!

科学复习，夯实你的知识体系

学过的知识要时常复习，否则，随着时间的推移，你很快就会对这些知识感到生疏，甚至忘得干干净净。只有通过不断的复习，我们才能与时间进行对抗，让知识长久地留在大脑中。复习除了能让你熟练掌握学过的知识外，还能让你学会拓展，完全吃透知识点，获得更多知识与感悟，取得进步。

1. 了解遗忘曲线，抓住复习的本质

遗忘曲线这一理论是德国心理学家艾宾浩斯提出的，其描述的是人类大脑对新事物的遗忘规律，也称"艾宾浩斯遗忘曲线"，如下图所示。可以看出，人们在进行记忆活动之后，遗忘也随之开始，遗忘是有规律的，最初，人们的遗忘速度很快，之后逐渐放缓。

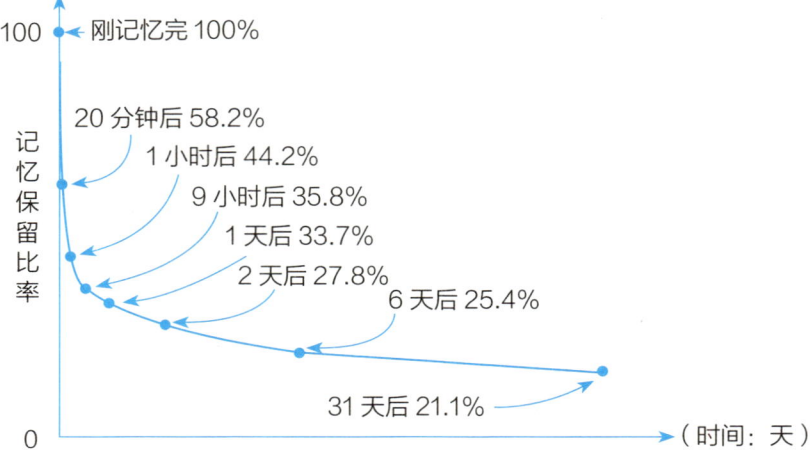

100 ← 刚记忆完 100%

20 分钟后 58.2%

1 小时后 44.2%

记忆保留比率

9 小时后 35.8%

1 天后 33.7%

2 天后 27.8%

6 天后 25.4%

31 天后 21.1%

0 　　　　　　　　　　　　　　　　　（时间：天）

　　根据遗忘曲线呈现的遗忘规律，人们找出应对遗忘的对策，其中之一便是"一四七"法则。

　　所谓"一四七"法则，就是1天、4天、7天，1个月、4个月、7个月。学过的知识，要在记忆后的第一天、第四天、第七天进行复习，然后在记忆后的第一个月、第四个月、第七个月再次进行复习。

　　在了解了遗忘曲线的相关规律后，我们可以得到这样一些启发。

　　首先，所有记忆过的知识不是一次性就能成为长期记忆的，而是需要通过反复复习才能成为长期记忆。所以，对于必须要记住的知识，在初次记忆之后，要及时安排时间复习，并在不同的阶段反复复习。如果需要记忆的知识难度较大，你要先对其进行充分理解，然后再有意识地加强记忆，之后再安排复习，这样做记忆效果会更好。

其次，找出需要记忆的知识之间的联系，从而帮助我们更好地理解知识，这样就能降低记忆难度，高效完成学习和记忆。

最后，对于那些相对独立的记忆内容，我们可以通过想象力来让各个记忆内容之间产生关联，这样更便于我们记忆。

通过对记忆规律的了解，你会发现复习有着重要的价值。温故而知新，当你养成良好的复习习惯时，不仅可以在考试中多拿分，还可以将每个学科的知识点串联起来，使学过的知识形成知识体系，进而实现查漏补缺和清除知识盲点的目标。

这里提供一种简单高效的定期复习技巧，供你学习或参考。

复习技巧	具体做法
日复习	每天抽出一段时间（比如放学后、写作业前等），把当天各科的课本和课堂笔记中的知识要点快速回顾一遍，整理出知识盲点、难点，及时请教老师
周复习	每周进行一次，可以利用周末宽裕的时间将各科的学习资料完整、仔细地回顾一遍，发现并记录新问题，及时向老师请教

复习技巧	具体做法	
月复习	在每个月的月末选择周末的时间，系统梳理近一个月各科的所有知识点，并利用做习题找出自己的弱项和知识盲点，做好记录并及时请教老师	
考前复习	在做好日复习、周复习、月复习的基础上，此时你只需要快速地回顾你在前三阶段复习时总结的所有要点、难点，考试时你就能胜券在握了	

2. 关键词串联回忆复习法

关键词串联回忆复习法就是以各个关键词为线索进行知识回顾的复习方法，具体做法如下。

首先，拿出一张白纸，在上面写下与某个知识模块有关的所有知识点关键词。

其次，在不翻课本、笔记等学习资料的情况下，对照知识点关键词，尽力回忆与每一个关键词相关的知识，回忆得越多、越详细越好。例如，我们复习数学"角的初步认识"模块时，从"角"出发，你能联想到的关键词有：顶点、边、直角、锐角、钝角，进而可以写出类似下面这样的模块知识框架及所有相关联的知识点。

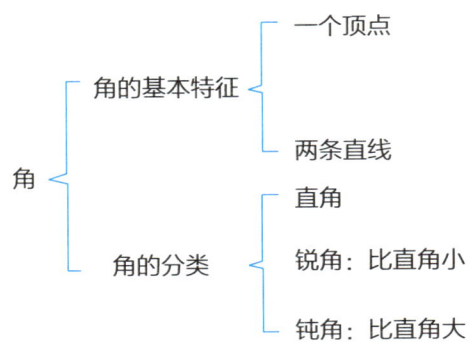

角 — 角的基本特征 — 一个顶点

角的基本特征 — 两条直线

角的分类 — 直角

锐角：比直角小

钝角：比直角大

3. 小组复习法

小组复习法，就是学习能力、学习态度、学习习惯、学习日程相似的几个同学组成复习小组，小组定期举行复习、互考等活动，一起清除所学课程中的知识盲点和难点，在实现共同进步的同时达到良好的复习效果。

小组复习法的实施主要分为以下三步。

第一步：选择学习成绩、学习态度等与你相似的两三个同学共同组成复习小组。

第二步：和小组成员一起制订一份"小组复习计划"，明确小组开展复习活动的时间、地点、复习的科目、复习内容的具体安排等。

第三步：做好准备参与小组复习。每次开展小组复习前，你都需要花一定的时间梳理一遍此前所学的知识点，边梳理边整理自己认为比较难的问题，然后带着问题参与小组复习活动。此时，小组成员可以进行"互考"，大家轮流出题，开展互问互答。你会发现，在互问互答的过程中，你不仅能够获得同学的帮助，还能有效地解决自己不懂的问题，也能够通过解答别人提出的问题来巩固基础知识，甚至发现自己忽略的知识盲区。

小组复习法是一种组员全方位、多层次、多角度进行知识互考和交流的过程，开展这样的复习活动，能让你和同学把知识记得更加全面，并及时查漏补缺，有效清除知识盲点。

时间管理

时间管理四象限法，让你快速进入复习状态

1. 用时间管理四象限法度过复习阶段

时间管理四象限法，就是把各类事情根据轻重缓急程度

写到如下图所示的四象限表格对应的位置，重要且紧急的事要马上做，不重要且不紧急的事情找个碎片时间去做，甚至不用做。

位于第一象限的重要且紧急的任务，你要留出足够的精力来完成。例如将有一场测试或考试时，你最紧急且重要的任务就是复习。当你完成复习任务时，也就为取得好成绩打好了基础。

为了完成重要且紧急的任务，你需要梳理自己在当下面临的各项任务，可以把其他象限中的任务往后推一推或者提前完成，然后留出足够的时间和精力，用最好的状态来完成第一象限中的任务。

位于第二象限的是重要但不紧急的任务，对时间没有特别紧迫的要求，但这类任务大多与你的自我能力提升有一定的关系，因此相对比较重要。例如你要上的课外兴趣班、要进行的阅读任务、要做的运动等，虽然也是重要的任务，但到了复习周，为了完成复习任务，你可以适当地将这些任务先放一放，之后再找时间一一完成。

位于第三象限的既不重要又不紧急的任务，要么去做，要么不做。例如看小说、看动画片等，如果你对这些事情感兴趣，那么你可以选择在用某一段时间来做这些事，以调节紧张的学习状态；如果你对这些事不感兴趣，那你就没必要去做，用节约下来的时间来安排自己更重要的事情。

位于第四象限的不重要但紧急的任务，例如笔坏了需要重新买，习题册找不到了需要重新买，等等。这类事情往往会给人造成"这件事很重要"的错觉，从而导致人们将很多时间和精力花费在这类事情上。实际上，遇到这类事情，你可以换个思路来处理：如果笔坏了、习题册找不到了，我们可以先找同学借用一下，先做完需要马上完成的任务，然后再解决这些事。所以，遇到紧急但不重要的事情时不要手忙脚乱，而是要根据具体情况合理安排，以免浪费时间。

每到复习阶段，如果你觉得自己复习起来没有头绪，不会管理自己的时间，不能将很多事情安排得有条理，那么你可以试试时间管理四象限法，能让你及时分清事情的轻重缓急，将最重要的事放在第一时间来做。

2. AROR复习、考试四步法，让你全力备考、轻松考试

考试是检验我们对知识掌握程度的一个重要方式，无论是面对小测试，还是正式考试，我们都希望自己能在考试中取得好成绩。下面就来了解 AROR（Advance、Relax、Order、Review 的简称）复习、考试四步法，让你学会全力备考，并轻松考试。

①提前（Advance）复习。面对日常小测试，我们除了复习近期学过的知识之外，还可以通过做作业和课后习题等来检测自己对知识的掌握程度。

面对一些正式考试，例如期中考试和期末考试，你可以分别提前 1、2 周或 3、4 周制订复习计划并开始行动。制订复习计划时，你可以根据自己对所学知识的掌握情况，每天安排 30 分钟到 1 个小时的时间复习，除了复习课本知识外，还要看自己之前整理的错题本，把曾经做错的题再温习一遍。此外，你还可以在考试前做一套测试题，来检测一下自己的复习效果。像这样，进行系统的复习，除了能让你扎实掌握基础知识之外，还能及时弥补漏洞。

如果你在复习过程中需要老师和父母帮助，就要及时向他们发出求助信号。例如，遇到有疑问的地方，可以请老师为你答疑解惑；想要了解自己对某个知识点的掌握程度，你可以让父母出题考考你，等等。

②轻松（Relax）考试。考试是我们学习中的重要组成部分，面对考试，你不要焦虑和紧张，把它当成学习过程中的一种经历就好。在你认真复习后，考试的那天，走进考场，坐下来认真答题，按时交卷即可。

需要注意的是，在考试的前一晚，你一定要准备好考试用具：铅笔、橡皮、削笔刀、尺子、草稿纸等。如果你要去参加一些竞赛类考试，你可能还要准备好准考证、身份证等。在你做好准备之后，第二天轻轻松松地走进考场，认认真真地答题就行。

临近考试，如果你觉得有压力，一定要及时和父母沟通，把自己的焦虑说给父母听，让父母帮你分忧解难；如果父母向你提出了超出你能力范围的要求，你也要说出来，这样他们才能意识到自己对你的要求是不是太高了。总的来说，你只要尽自己的努力，做力所能及的事即可。

③有序（Order）答题。考试时要遵循一定的顺序。

首先，在拿到试卷的第一时间，你要根据要求填写完整的信息。

其次，快速检查一遍试卷（控制在1分钟之内），看看试卷有没有印刷不清晰的地方，了解一下试卷中大概有几种题型，每类题所占的分数。在了解试卷的基础上，你在潜意识中就会对答题有所准备。例如，你拿到语文卷子时，你提

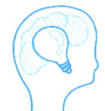

前看一眼作文题目，就会激发你构思作文的潜意识，等到你正式开始写作文时，会顺畅很多。

开始做题时，你要根据顺序从前往后做题，以免漏掉某些题目。在遇到难题或不确定的题目时，不要耗费太多的时间，先放下，并做好标记（画个小圈、打个问号等），先把自己会的做完，然后再解决遗留的题目。

考试即将结束时，比如最后10分钟，此时，如果还有没答完的题目，可以先暂停下来，检查一遍试卷或答题卡，看看试卷上有没有漏答的题目，或者答题卡是否涂得准确……你检查完这些事项，如果还有些许时间，可以把自己没答完的题目补充一下，写出一些关键词或题目中会用到的公式等。

在考试中，你要发挥自己的实力，遵循"先易后难"的答题策略，让自己实现：简单题目拿

满分，中等难度的题目多拿分，难题能拿到一分是一分。

④复盘（Review）总结。每次考试结束之后，进行复盘总结非常有必要，比如，看看这次考试有没有可能将时间利用得更好，重点复习的知识有没有在考试中出现，考试过程中有没有紧张，答题速度是否有所提高，对试卷的检查是否彻底，等等。你可以借鉴下表来总结你在考试中的收获和有待提升的地方。

期末考试总结表	
考试中的收获	有待提升的地方
1.	1.
2.	2.
3.	3.
……	……

考前勤复习，考试才能游刃有余

1. 快要考试了，"临时抱佛脚"有用吗

在短时间内学习、记忆大量内容是一件很有挑战的事。就像我们不能在一天之内把一周的饭都吃掉一样，本来需要

一周甚至更长时间才能复习完的知识，你放在一两天内复习，那对你来说将会非常困难。

所以，别把复习任务留到最后一刻才来做，提前复习是让你轻松应对考试的"良方"。你要尽早根据考试时间制订自己的复习计划，以免将重要的事放在最后一刻去做。

要想考出好成绩，就不能有"临时抱佛脚"这样的想法，而是要在考试前几周开始复习，最好多复习几遍。为了有效地执行复习计划，你可以在日历上标出考试日期，然后以倒计时的方式规划复习时间和复习任务。

复习实际上就是一个慢慢积累的过程，复习扎实而有序，考试时你自然就能应对和解决

各类题目，收获理想的成绩。

2. 考前复习任务多，该如何制作复习日程表呢

复习日程表能帮你有效地了解自己每天需要执行的复习任务，让你循序渐进地执行自己的复习计划，避免慌乱，进而在考试中取得好成绩。

下面看看如何制作适合自己的复习日程表。

①根据自己对各科知识的掌握程度对所有科目进行复习优先等级排序。比如，我们可以用数字1—5代表自己复习某科的优先等级，进而确定复习的优先顺序。

知识掌握程度	表现	复习优先顺序
擅长	很熟悉这科的知识	5（最后复习，分配少许复习时间）
良好	能记住学过的绝大部分内容	4（靠后复习，分配少许复习时间）
一般	记得学过的一些内容	3（次优先复习，分配较多复习时间）
困难	学习这科有些费劲	2（优先复习，多分配复习时间）
非常困难	学过的大部分内容都不记得了，这科对自己来说非常难	1（最优先复习，多分配复习时间）

②分解学科内容，即把每门课程分解成一个个单独的知识点，这样你就能在复习日程表中把时间合理分配到每个知识点上。通常，一次复习一个单独的知识点要比一次性复习整本书更容易。 $1+1=2$

实际上，在你列出每科所学过的知识点后，还可以继续根据自己对每个知识点的掌握程度，确定复习的优先顺序和复习时长。已经熟练掌握的知识，只需占用较少的复习时间，而生疏的知识，则需要占用更多的时间，以达到良好的复习效果。

③合理安排休息时间，在执行复习计划的过程中，你还需要合理安排休息时间，例如每学习 30~45 分钟，就休息 10~15 分钟，经过休息，你的大脑能更高效地处理和消化信息，让你在后续的学习中精力更集中。

④创建自己的复习日程表。下面是复习日程表的基本格式。在日程表中，你可以根据自己的复习任务来设置复习、总结、自我检测的时间段，并在日程表中留出一些空余时间段，以应对突发状况。此外，你还可以用不同的颜色区分日程表中的各学科。

时间	上午		下午		晚上
星期一	英语第一单元单词	午餐	英语第二单元单词	晚餐	英语第一、二单元的重要笔记
	空余时间		空余时间		空余时间
	英语第一单元课文		英语第二单元课文		回顾当天复习内容
	空余时间		休息时间		社交娱乐时间
星期二	语文生字词	午餐	语文古诗词	晚餐	英语第三单元单词
	空余时间		空余时间		运动时间
	……		……		……

第 7 章

解题有方法

学习高手难道都不做题吗？

反正也不懂，那就不浪费时间了，先不做了。

草稿纸→

翻过不会做的题

啪啪！

第二天

实在是想不明白啊。

放弃算了，说不定以后就会了。

很多问题是有联系的……

一个问题没弄懂，可能导致其他问题也学不明白。

弄明白某道题后，还要做些类似的题目加以强化。

妈妈，那些能考出好成绩的同学，我没见他们做很多题啊！

毛毛，就算是再聪明的学习高手，也是要学习的。

不然他们怎么知道题在说什么，解题方法和原理是什么呢？

技能胶囊

锻炼解题能力，将复杂问题简单化

在学习的过程中，我们总会遇到一些自己解决不了的问题，这是很正常的现象，因为学习就像一项不断攀登的登山运动，你遇到的每一个问题，就像是一个个小拦路虎。当你遇到不懂的问题时，一定不要回避，而是要及时解决、弄懂，否则会影响你之后的学习。

1. 做会一道题，解锁一类题

有时候，我们为了学好某一学科会大量地刷题，想通过反复练习来巩固知识，尽管这样的初衷是好的，但是这种做法可能会让我们盲目地陷入"题海"，越做越糊涂，越做越慌乱。

题海战术并不都是可取的，你要学会有的放矢地做题，最好的做法是：学会一道题，解锁一类题。

你在开始做题前，不妨先思考以下问题，然后参考对应的做题方案，进行实践。

问题	做题方案
我在哪些知识或题目上的出错率最高	重点做，分配80%左右的精力专心进行做题练习
我对哪些知识一知半解，并没有完全掌握，虽然总体过关，但仍然有一些地方会出现失误	适量做，用剩下的20%左右的精力练习典型易错题、陷阱题
我已经完全掌握了哪些知识或题目，正确率非常高，没有继续加强训练的必要了	不再专门练习，只定期复习巩固

 做题建立在对知识的认知上，这也是对已知的解决问题的理论、方法等进行实践的过程。

解决当下所遇到的难题的目的是掌握这一类题的解决思路，获得相应的解题能力。任何题目的设置，都是为了考查学习者对基本知识、基本方法以及基本思路的掌握情况。简单题重在考查基本知识，那么熟悉所有基础知识，且当你掌握的基础知识越丰富，就越能快速地解决这类问题；中等难度的题重在考查基本方法的运用，方法掌握得好，你就能快速而精准地解决问题；难度大的题重在考查基本思想的应用，当你能够灵活运用，往往能更好地把握问题的切入点，高效地解答问题。

为了实现"学会一道题，解锁一类题"这
一目的，你不妨进行下面这样的训练。

首先要明确：刷一百道题不如把一道题做透。

这里的"一百"，只是一种夸张的描述，意思是你要反复研究同一道题目，直到把它做透。例如，上课时，你的眼睛看会了某道题要如何解决，但当下课后真正自己上手做的时候，总是磕磕绊绊，不能顺畅地进行下去。这说明你还没有完全明白这道题的解决思路。此时，你就要按照老师对这道题的讲解过程，将它重新梳理，然后自己多写几遍这道题的解题过程，一直写到自己不需要借助任何笔记的帮助，能独立且完整地做出这道题为止。在解题过程中，你可能会觉得这种方法太笨了，有些浪费时间。但你要知道，正是这样

 的重复过程，才能让你逐渐理解题目的解决规律，并将其熟记于心。

其次，分析解题过程，提高解题速度。

当你了解了题目的解决规律后，为了能更好地驾驭规律，你还需要对解题的过程做更深入的分析，充分理解题目的解决要领。

此时，你需要将一道题多次梳理，多次书写，充分理解，搞清楚这样一些问题：这道题属于哪一类问题？基于哪

些信息可以判定这道题的分类？解出这类题通常需要从什么角度切入？解这类题的顺序是什么？解题的每一步都有哪些阶段性的目标？解这道题的最大目标是什么？实现每个阶段性目标的过程中会使用哪些解题方法？使用这些方法的过程中要注意什么？

当你用这样的思维把题目透彻地分析一番后，你对解题过程就烂熟于心了，那么你的解题速度将显著提高。

最后，举一反三，利用有限的时间去解决更多的题。

当你把一道题吃透之后，接下来，你就利用从这道题得来的规律、方法、经验等，来解决新题目，以实践检验你的收获。此时，你选取一定数量的题即可，对这些题进行梳理，强化解题思路和过程。坚持这样做几道题后，你就能自然而然地快速解答新题了。

2. 重视错题，弥补知识漏洞

解决错题，当然少不了错题本。在错题本上分门别类地整理错题，这样你后续复习起来会得心应手。例如，你可以借鉴以下表格整理错题。

日期	错题来源	错题题干	错因及反思	错题订正	涉及的知识点	复习情况

在整理错题的过程中，你可能会发现，理科类科目（例如数学）更需要有对应的错题本，例如公式或定理这些对应的计算题通常都是数字形式，题干较少，整理起来不会花较长时间。文科类科目就要根据具体情况来确定，例如语文、英语中的固定词语搭配等可以整理到错题本中，但题干较长的理解类题目就不需要全篇抄录，只需择其精要或重要知识

点记录即可。所以，你可以借鉴以下经验来整理错题和使用错题本。

①收录不会做的题。你做作业、考试等过程中确实不会做的题，要优先收录到错题本中。

②如果你没时间抄写错题，你可以将错题出现的页面裁剪、粘贴到你的错题本中，然后将正确的解题思路、方法等

写到旁边。有些同学擅长用电子设备（手机、平板电脑等）整理错题，主要是通过拍照的方式记录错题，然后整理成文件夹。

③在你使用错题本的过程中，你还可以给每道错题做一些标记，例如，已经熟练掌握的题目，你可以将其标注绿色；还比较生疏的题目，将其标记为黄色；依然不会的题目，将其标记为红色。做好标记后，你每次打开错题本复习时，复习目标会非常明确：直击那些你还比较生疏和不会的题目。这能帮你节省不少时间呢！

3. 摆脱思维定式，用创新思维解决复杂问题

摆脱思维定式，能够让你的思维不再受束缚，获得解决问题的创新思维。你可以试试以下思维训练方法。

①联想力训练。从身边的事物入手，进行联想力训练，例如，在看到你每天都能遇到的那些小动物时，你通常会联想到哪些成语、谚语和故事？当你看到一棵树、一株草时，你会联想到哪些与植物有关的知识？之后，围绕你看到的这些动物、植物展开联想，写一段话，甚至编一个小故事，看看自己能不能做到。

在进行联想力训练时，你可以利用的内容和材料是非常多的，你需要做的是仔细观察，看看自己有没有哪些新想法冒出来。例如，你可以环视周围，看看哪些东西是用玻璃做的，哪些东西是金属做的；或者你可以观察自己养的小动物，看看它都会做哪些动作，会发出什么样的声音等，并根据这些行为联想小动物到底有怎样的小心思，它为什么会有这样的行为。

②想象力训练。当你读到一首优美的写景诗时，你的头脑中会不会想象出相应的景色呢？例如，你读《江雪》这首古诗时，脑海中能否想象出"孤舟蓑笠翁，独钓寒江雪"这样的场景呢？再例如，你突然具备了某种超能力，你打算用这种能力做些什么呢？或者是你打算长大后去探索火星，那么你想在火星上做一些什么事呢……

为了更好地培养想象力，在日常的生活和学习中，你可以多做一些需要发散思维的思考题，还可以邀请爸爸妈妈或者同学一起就某一主题展开想象，看看你们都能想到些什么。这种有意识的想象力训练，对提升你的创新思维能力很有帮助。

当你具备一定的创新思维后，可以借助它来解决你学习，特别是做题过程中遇到的问题。通常，用创新思维解决复杂问题时，你可以试着转化问题，或者分析问题背后的基本原理，从而找到解决的方法。

①转化问题，就是打破旧的思维模式，拓宽思路，寻找更有效的解决问题的方法。

例如，你想在本子上画一条直线，你便开始在文具盒里找直尺，结果没找到，你可能会问爸爸妈妈有没有看见你的直尺，而爸爸妈妈的回答是他们没有看见你的直尺。此时，你头脑中只有一个问题——直尺去哪里了？你在这么想的时候，可能已经开始动手找了，结果还是没有找到，你焦急地坐在椅子上，把你本来要画直线这件事也耽搁了。

但是，如果你把最初的这个问题转化一下，结果可能会大不一样。你想一想，直线难道只能借助直尺才能画出来吗？三角板、方形、长方形的硬卡片等，都可以辅助你画出直线，但你却被"直尺去哪了"这个问题困住了，完全忽视了其他文具或工具也是可以帮你画出直线的这一事实。

所以，遇到问题时，思路要变宽，不要被眼前的问题挡住思考的方向。例如做一份手抄报，通常大家都是在方方正正的纸张上写上文字，画上配图。但如果你发挥想象，换个思路，将手抄报的形状设置成圆形、菱形、椭圆形等，上面除了写字画画外，还可以粘贴一些纸折的小装饰等，让你的手抄报不局限于平面展示，还具有三维展示的效果。

②分析问题背后的基本原理，就是遇到一道难题时，可以先试着去分析出现这个问题的原因是什么，进而从根源上思考解决方案。

例如，你有没有思考过这样一件事，洗手池的排水管为什么是弯曲的 U 形设计？

要回答这个问题，我们就要追根溯源到连通器上。

在物理学上，我们把上部开口、底部连通的容器叫作连通器。而且，同种液体在连通器内静止时，连通器各部分的液面高度总是一致的。

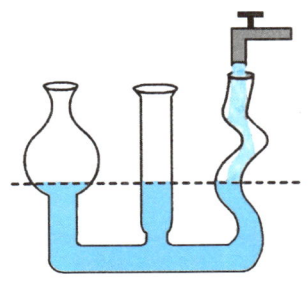

所以，洗手池的排水管设计成弯曲的 U 形，实际上就是一个连通器，这样可以防止下水道往上反异味，有隔绝异味

的作用。

当你明白连通器的原理后，你就能发现生活中有很多与连通器相关的设计和应用。例如，我们常用的喷壶和茶壶，它们的结构都是上部开口、底部连通的连通器设计。还有，为了防洪和充分利用江河的水来发电及灌溉农田，经常需要在河流上修建拦河坝，但是这样会阻断船只在河流中正常航行，于是，为了使船只能够顺利航行，人们便利用连通器的原理在大坝旁修筑了船闸。

其实，很多问题都可以借助类似的转化，实现问题的分解，这样，你看问题的视角将会越来越宽广。

时间管理

二八定律，让你对题目形成正确的认知

1. 借助二八定律分解你的时间和精力

二八定律，也称"帕累托法则"，其意思可简单表达为：在任何一组东西中，最重要的只占其中的一小部分，约 20%；其余的 80% 尽管是多数，却是次要的。而正是这一小部分（20%），却可以起到 80% 的作用，而 80% 的大部分，却只起到 20% 的作用。

二八定律普遍存在于现实生活中，无论是一些社会现象，还是一些做事方式，都可以用二八定律进行解释。二八定律想告诉我们的是：不要平均地分析、处理、看待问题，而是要抓住重点，把最主要的精力用在解决最重要的问题上。

在时间管理方面，二八定律利用时间管理中的不平衡原理，即让我们通过投入最短的时间，获得最大的回报。那在做题时如何使用二八定律呢？你可以按照以下方式分解你的精力和时间。

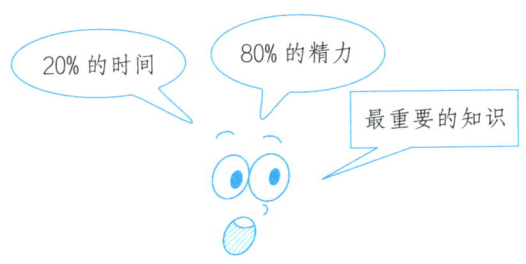

在做题的过程中，你可能发现，大约 80% 的题目来源于 20% 的重点知识。如果你用 20% 的时间和 80% 的精力，钻研透 20% 的重点知识，那么这 20% 的重点知识对应的

80% 的题目都将成为你的"盘中餐"，被你轻松"吃"掉。

2. 刷专题，进行针对性练习

在刷题这件事上，有些同学只刷自己会的题，这样成绩永远不会提高；有些同学只刷难题，但经常做不对，反而给自己带来非常强烈的挫败感。

所以，刷题，一定要从自己的实际情况出发，想一想不擅长的题型、经常出错的题型，那么这些题就是你要刷的重点题目。每天抽出一定的时间，全身心地投入，以刷专题的形式，将这类题型彻底解决。

我们做的每一类题目，都对应一定的知识板块，当你想要解决自己在某一知识板块存在的问题、不足时，可采用刷专题的方式。

刷专题的具体做法是：集中精力，在一段时间攻克某一类题型或者某一知识板块对应的题目。在刷题的过程中，你需要全身心地投入，研究并总结这类题目，以取得最佳学习效果。

具体如何刷专题，你可以通过以下四步实现。

①回顾知识。先回顾题目所属知识板块的基本知识，消化吸收了基础知识后，刷专题时就不会出现因为知识掌握得

不牢固而对题目一知半解或做不出来的情况。

②开始刷题。当你理解知识后，就要开始第一次刷题了，用你已知的知识去解题。此时，你可能会遇到两种情况：一种是你能够根据已知的知识把题目做出来，只不过不太熟练；另一种是你虽然理解了知识，但由于应用的次数较少，或者知识掌握得还不太熟练，有些题你仍然不能完整地做出来。

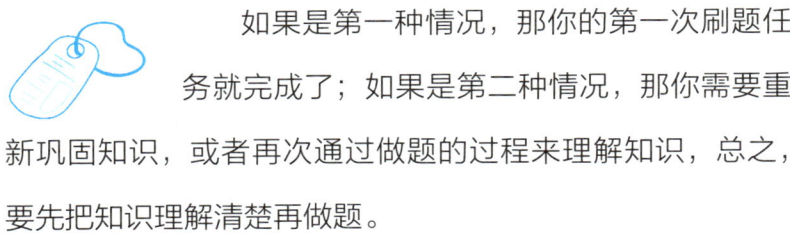

如果是第一种情况，那你的第一次刷题任务就完成了；如果是第二种情况，那你需要重新巩固知识，或者再次通过做题的过程来理解知识，总之，要先把知识理解清楚再做题。

③总结经验。刷专题的目的是让你找到对于某类题目通用的解题方法和思路，好让你再次遇到这类题时可以将其顺利解出来。在你刷专题的第二步中，当你能把遇到的题目都解出来时，你就要开始总结这些题目的规律和通用的解题思路与方法了，这将会成为你今后解决这类题目的"密钥"。

④再次刷题。为了熟练地应用你总结出来的这些解题思路与方法，你需要进行第二次刷题，这能让你在遇到类似题目时大脑能够快速运转，迅速得出答案。当你进行到这一步时，你对该类题目就得心应手了。

问答广场

日积月累，享受学习的乐趣

1. 多看课本还是多参考学习资料呢

回答这个问题前，我们首先要明白课本和学习资料之间的关系，以数学为例，数学是一门逻辑性非常强的学科，每一道题都是依据一定的知识点编写出来的，而每一个知识点，又可以编出各种各样的题目。

在学习数学的过程中，你会看到，课本上的每一个知识点，都有应用的例题，这些例题可以清晰地阐述知识点。为了加强学生对知识点的掌握程度，课本上还会给出相应的练习题来让学生巩固所学的知识点。此外，即使老师出的每一套试卷中的题目变化多端，仍然能在课本中找到它们的影子。

所以，课本既是知识的来源，也是知识应用的第一现场，抓住课本中的知识点，熟练掌握并灵活运用课本中的例题和习题，对很多学生来说已经足够。

在学习的过程中，还是应该以课本为主，如果你觉得自己对某个知识点、某类题掌握得不是很好，那么你在认真学习课本知识的基础上，可以借助学习资料，多加练习，增强对知识的记忆力，熟练掌握某个知识的应用方法。这样有针对性地做题，不仅能帮你巩固较弱的知识点，还能帮你提升时间利用效率，将时间花在有价值的题目上。

当然，对一些基础很好，又想进一步提升成绩的学生来说，可以在学习资料中找一些拓展题、综合题来进行练习。

所以，课本永远排在第一位，而学习资料居次要地位，尽管学习资料里内容很多，但那些并不都是你需要的，你按需选择即可。

2. 针对难以解决的题有什么应对技巧吗

一些一时半会儿难以解决的题，特别是数学题，你可以试试以下方法，说不定就能将这类题顺利解决。

①唤醒大脑。当难题第一次进入你的视野和脑海时，你要先读几遍题干，把题干从头到尾仔细地阅读，充分理解题目的要求。如果读了很多遍题目后，你还是一点儿思路也没有，完全不知道该如何下手，那说明在这段时间内，你还没将自己解决难题的能力激发出来，此时，你可以试着先放下这道题目，去做一点儿其他的事，或者到安静的

地方休息一会儿，甚至到室外活动一下，清空一下大脑，再回过头解决这道难题。

②换种角度观察。当你重新审视这道题时，题目提供的信息再一次在大脑中演绎，你会不由自主地做出一些思考。此时的思考，已经重新换了一个角度，而这个角度很有可能唤醒你之前解决类似问题的经验。

③整合已有信息及思考结果。整合你得到的信息及思考结果：这道题可能在考查什么？关键信息有哪些？应该从哪方面入手？题目中有哪些陷阱需要规避？可以借助哪些知识来解决？可以按照何种方法做？此时，你就站在了题目设计者的角度来分析这道题目。

当你能站在题目设计者的角度思考问题时，你极有可能将这道题目做出来，如果你还是不能解决这道题目，那可能是你对信息把握得还不够充分，就要重新寻找切入点。

④寻找切入点。把题目呈现的信息完整地罗列出来，然后对每条信息的源头进行思考；或者重新阅读题目，寻找相关的基本定义，从而发现可以切入的点。

第 **8** 章

阅读有方法

学习难题

为什么我觉得读过的书没什么作用呢?

图书角

毛毛都读过哪些书呢?

老师,我平常很少读书。

大家平常怎么读书的呢?

我也是这样!

我都是根据爸爸妈妈的安排来读书的。

我们还这么小,除了学习应该好好玩吧?

是啊,我也没觉得读书有什么收获啊。

但我发现很多漫画书就很有趣呢!

目前,你们的认知能力还不是很强……

所以不能深入理解和掌握很多图书中的内容。

接下来,我将帮你们认识阅读的重要性,并掌握有效的阅读方法。

技能胶囊

阅读，打造你的核心竞争力

阅读可以使我们开阔眼界、增长知识、学习技能。拥有良好的阅读能力，不仅能提高我们的语文学习能力和语文综合素养，还能让我们学以致用，将书中的内容与生活实践结合起来，激发我们的探索欲望，有助于我们解决生活中遇到的难题。

1. 认识阅读

在我们的认知能力还不够强的当下，我们更应该培养良好的阅读习惯，这样，阅读能力和认知能力就会相辅相成，使我们不断从阅读中体验到更多乐趣，发现更多有用的知识，丰富我们的思想。

为了高效阅读，你可以掌握这样一些阅读方法：摘抄法、赏析法、跳读法、精读法等。例如，摘抄法就是在阅读的过程中，你可以边阅读边摘录书中的好词好句，然后在写作文的时候可灵活运用这些好词好句，提升你的文采，让你写起作文来更轻松。此外，你还可以在阅读完一本书后，写一篇读后感，这也是一个将内容输入转为内容输出，锻炼写作能力的好方法。

如果你能在阅读的过程中多多使用这些方法，那么阅读效率就能明显提升。当然，你还可以通过制订阅读周计划、月计划、年计划等来培养阅读习惯，让你的阅读更加有针对性，避免盲目。

在阅读一些课外书的过程中，你还会遇到一些生字，通过查阅工具书，你能了解生字的读音、含义，所以，阅读也是一个能让你学习新字、新词的机会，真是一举两得呢！

当然，养成良好的阅读习惯是一个循序渐进的过程，你不能太急于求成，多实践有用的阅读方法，在阅读方法的指导下，你就能潜移默化地养成阅读习惯，爱上阅读，通过阅读提升多方面的能力。

2. 提升你的阅读效率

阅读的主要目的是吸收我们所需要的信息，因此，提升阅读效率对我们来说很重要。有很多方法可以帮助我们提升阅读效率。以下这几种方法你可以参考、借鉴。

①预测法：通过浏览书中各章节的标题或文章的标题、副标题、图表等，先猜测这部分主要讲述什么内容，这样，

阅读时会更积极，想要验证自己的猜测是否正确。

②概览法：阅读比较复杂的文章时，先对文章进行概览，即对引言、结论、每段开头与结尾进行大致了解，在头脑中对文章的主要观点形成初步的印象，然后再仔细阅读文章的细节。

③略读法：以高于正常阅读的速度进行快速阅读，以获得主要信息。

④扫描式阅读法：用非常快的速度浏览一段文字，找到某个关键信息（一个关键词、某个数字、一个人名等），该方法可在为某个特定问题寻找答案等情况下使用。

⑤选择性阅读法：根据阅读目的，选择包含了某个问题的答案或重点知识的内容进行阅读。

无论是复习、做题、写课堂回顾，还是寻找某个问题的答案、了解一篇文章的大意等，都可以尝试使用以上阅读方法，来帮你节约阅读时间，提高阅读效率，获取更多有用的信息。

3.SQ3R 阅读法了解一下

SQ3R 阅读法，所谓精读，"SQ3R"指

的是概览（Survey）、提问（Question）、阅读（Read）、背诵（Recite）、复习（Review），它是由美国教育心理学家弗朗西斯·鲁滨逊发明的，这种阅读方法主要应用于精读。

就是把一本书、一篇文章等读透，读出其中蕴藏的各种内涵，理解作者的所思所想，或全面掌握书中的精髓、核心事件、关键论点等，让自己深入理解所阅读的内容。

在使用SQ3R阅读法精读前，我们先来了解一下其具体操作。

步骤	时长	具体内容
概览（Survey）	约1分钟	精读前先概览全文，只看章节的标题、前言等，不需要阅读具体的内容，只是进行大概的了解
提问（Question）	不超过半分钟	根据章节的标题提问，提问形式可采用"5W1H"法，即何人（Who）、何事（What）、何时（When）、何地（Where）、为何（Why）、如何（How）
阅读（Read）	不设时限	仔细阅读文章，一边读一边寻找上一步所提问题的答案

步骤	时长	具体内容
背诵（Recite）	—	利用各种方法帮助记忆文章中的内容，例如对重点内容做标注、口头复述、摘抄记录等
复习（Review）	—	在背诵后一两天内回忆重点，并间隔一段时间后再次复习

SQ3R 阅读法虽然看起来比较烦琐、耗时，但如果认真实践，你会发现你对阅读的内容印象会更加深刻，相应的知识点会记得更牢，阅读能力会有明显提升。

时间管理

学期阅读周计划，让阅读成为生活的一部分

1. 制订学期阅读周计划，挤出更多阅读时间

制订学期阅读周计划时，首先，要确定你的阅读书单，列出你的必读和选读书目；其次，将

这些书目列到一张表中，在每周结束时记录你阅读某本书的进度，并对你一周的阅读情况进行简单的小结；最后，日常中要多创造些阅读时间，在一学期结束前读完你必读书单中的图书。

你可以参考下面这张学期阅读周计划表，制订自己的阅读计划，然后认真执行。

学期阅读周计划表					
周次	必读书目		选读书目		小结
	书名	阅读进度	书名	阅读进度	
第一周	《小兵张嘎》《山海经》(少年版)《十万个为什么》《漫画中华史》《小王子》……	《小兵张嘎》第五章	《不可不知的地球》《草房子》《少年读史记》《数学大玩家》《窗边的小豆豆》……	《不可不知的地球》第20页	
第二周					
第三周					
……					
第二十周					

当一学期的阅读任务完成之后，你可以接着制订寒暑假的阅读周计划。通过制订和执行这样的阅读周计划，能让你利用好每一个时间段，使读书成为你生活的一部分。

2. 阅读笔记也要记起来

图书基本可以分为两大类：故事类和非故事类。例如，《西游记》《安徒生童话》等，就属于故事类图书，里面有虚构的时间、地点、人物和故事情节。而人物传记、科普读物、历史读物等，以纪实为主，属于非故事类图书。

在我们阅读不同类别的图书时，我们还可以根据需要来做阅读笔记。做阅读笔记不仅能让你把图书的内容记得更牢，还能帮你节约时间——当你需要查找资料或复习时，能快速从笔记中找到自己想要的信息。

例如，当你阅读故事类图书时，你可以按以下方式来做相应的阅读笔记。

故事类图书阅读笔记

书名：_____ 作者：_____ 章节：_____ 阅读时长：_____

故事发生的时间（背景）	
故事发生的环境（地点）	

故事的主要情节	开始：
	问题／困难（主人公遇到了哪些困难和阻碍）：
	高潮（故事情节最紧张／精彩／关键的地方）：
	问题解决（主人公克服困难的方法）：
	结尾（故事的结局）：

主人公性格	主人公姓名	角色特点

关于故事中的主人公：
· 可以是人物，也可以是动物；
· 分析其性格特点，例如外向、内向、热情、专注、自信、勇敢、坚强、开朗、温柔、急躁、幽默、敏感等；
· 每个主人公可能不止有一种性格

故事的核心思想	（用一两句话总结这个故事的中心内容）
我学到了什么	（你从这个故事中学到了什么？以后遇到类似的事情要怎么做？）
我给这本书的打分	☆　☆　☆　☆　☆

当你阅读非故事类图书时，比如一本科普书，你可以按以下方式来做相应的阅读笔记。

科普类图书阅读笔记	
书名：_____ 作者：_____ 章节：_____ 阅读时长：_____	
这本书的主题	（科普类书的主题有：动物、自然、地理、科学、文化、运动、太空等）
这本书的主要内容	（这本书主要讲什么）
这本书最有趣的几个点	
我给这本书的打分	☆ ☆ ☆ ☆ ☆

问答广场

培养阅读兴趣，提升综合能力

1. 阅读速度慢该怎么解决呢

阅读速度慢是可以通过练习来改变的。这里，给你提供一些可以提升阅读速度的方法。

方法一：阅读时，试着用你的手指快速而稳定地在每行文字的下方划动，让眼睛跟上手指移动的速度，并只阅读手指上方的文字。

方法二：学会查找图书中关键信息所在的位置，例如根据关键词或核心观点确定关键信息所在的位置，然后只阅读关键信息对应的段落。此外，你还可以通过阅读段落开头的第一句话或者最后一句话了解这段文字的含义，进而确定这段文字中是否有你需要的关键信息。通常，每个段落的第一句话就是这段文字的主旨句，通过阅读主旨句并理解其含义，同样能提高阅读速度。

第二种阅读方法更适用于你只需要从一本

书中获取某些片段知识或信息，比如在写一篇关于某类科学知识的调查报告时，你需要通过一些书来查找相关资料等时，就可以使用这一方法，能在短时间内快速从多本书中获取自己要找的信息。

在快速阅读的过程中，你可以把重点内容用醒目颜色的笔标记出来，或者把有关内容摘抄下来，这样，你下次阅读这些内容时，就能快速查找到。

 其实，我们提升阅读速度，有时候并不是因为阅读速度慢，而是在这个信息爆炸的时代，新书层出不穷，面对大量图书，我们要想在短时间内获取自己需要的信息和知识，就要提高阅读速度。所以，我们需要根据阅读的内容，灵活调整自己的阅读速度，快慢结合，快速浏览书中的内容，把注意力放在重点内容上，遇到复杂的、不易理解的内容，就要把阅读速度降下来，甚至可以逐字阅读理解，并做好记录。当然，如果觉得阅读累了，要适当休息，这样才能继续高效阅读。

2. 他人的阅读书单值得借鉴吗

在我们还没有阅读太多图书，且见识有限的情况下，借鉴他人的阅读书单来给自己挑选

将要阅读的图书，是一种比较可靠的选书方法。但是，他人的书单并不一定百分百适合你，这一点你一定要认识到。

目前，很多推荐小学生阅读的书单，会醒目地注明"暑假必读""寒假必读""我见过的最好书单""外国孩子都在读的"等字样，在这些文字的诱导下，爸爸妈妈可能会照着这些书单一堆又一堆地给你买书，但等这些书买回来之后才发现，有些书其实并不适合你，或者你对其中的一些书根本没兴趣阅读。

所以，很多书单，有时候只是一种图书销售的方案，将好几本书捆绑在一起，为读者制造一种"非阅读不可"的感觉。

兴趣是最好的老师。不要盲目迷信那些推荐书单，当你看到别人推荐的阅读书单时，一定要考虑书单中的图书是否符合你的阅读口味，是否在你的兴趣范围之内，如果是，你可以借鉴，反之，你就忽略它。

能让学生受益良多的图书，主要有以下三类。

图书类型	图书详情
教辅书	与教科书配套的各种学习辅导书，帮助学生加深对知识的理解和应用，掌握有效的学习方法，从而达到提高学习效率、改善学习效果的目的
学科科普书	介绍有关学科的背景知识和相关故事，可以降低学生学习过程中对知识的陌生感和学习难度，加深对学科知识的理解
文学名著	经过了时间的检验，是阅读的首选，有助于学生增长见识、拓展思路、改变思维习惯、陶冶情操

此外，这里为你提供一些选书和读书的技巧。

首先，根据自己的兴趣选书，确定自己的阅读书单。只有那些你感兴趣的图书，才是你愿意花时间读的书。

如果你还不确定自己感兴趣的图书类型，那么你可以和爸爸妈妈多去书店看看，随心所欲地浏览书架上的图书，看看哪类图书能吸引你。

如果读完某类书后，你觉得意犹未尽，还想了解更多，那么这类书就是你感兴趣的。当然，希望你读的是知识、内涵丰富的，反映真善美的图书，因为它们能为你提供更多的精神营养。

其次，你读自己感兴趣的图书时，要由浅入深地阅读，这样能逐渐形成自己的阅读体系，进而掌握某个领域的更多知识，甚至由某一领域过渡到另一领域，逐渐将多个领域的知识融会贯通。例如有些同学对宇宙知识特别感兴趣，他就从最简单的宇宙科普书读起，在了解了宇宙的相关知识后，他又开始阅读航天科技方面的图书，对航天飞机、宇宙飞船、太空望远镜等进行了解……所以，阅读是一个开枝散叶的过程，可能经由一本书，你会进入与之相关的好几个知识领域，让你收获颇丰。

当然，你目前对某种图书不感兴趣，并不意味着你以后也不感兴趣。等你读过更多书、经历更丰富、见识更广阔后，说不定你会突然喜欢上你曾经不感兴趣的图书。

第 9 章

考试有方法

为什么我总觉得考试时间不够用?

技能胶囊

考试有技巧，功夫在平时

考试是在固定时间内，通过书面或口头提问  等方式，考查学习者对已学知识或技能掌握情况 的一种方式。不同形式的考试，往往有不同的考试要求，提前做好准备是关键，例如，事先了解考试题型，复习可能涉及的知识点等，这样，你才能在考试时从容应对，进而取得好成绩。

1. 常见的考试形式——笔试、口试

①笔试。笔试是最常见的考试形式，且大多数情况下是闭卷考试，也就是你不能携带未经许可的资料进入考场，通过解答试卷上的题目来检验你对课堂所学知识的掌握程度。在考试前，你可以通过以往的试卷或测试题来了解考试的试卷结构：试卷分几个部分，约有多少道题，每道题的分值是多少等。了解这些后，你可以提前规划考试的答题时间。

参加笔试考试时，你要从容应对，不要一拿到卷子就迫不及待地开始答题，而是要利用简短的时间理清答题思路，

按照问题的要求作答。

很多学生在答题时会出现答非所问的错误，这是不按题目的要求作答的结果。因此，做每一道题之前，要看清问题的要求，根据问题的关键词分析题目，然后再解答。遇到复杂一些的题目时，你要反复阅读题目，保证自己完全理解了题目要求，再写下自己的答案。

②口试。我们有时候也需要参加口试来检验自己的学习情况。口试除了考查我们对知识的掌握情况外，还考查我们的语言交流能力或演讲能力。进行口试时，我们需要现场回答考官的提问，考官会根据我们的回答来打分。口试可能单独进行，也可能和其他考生一起进行。

进行口试时你要注意以下事项，这对你回答问题，提高口试成绩，以及给考官留下好印象都有帮助。

首先，把口试当成是自己与熟人的一次交谈，这样会让你感觉更轻松，减少不必要的紧张。WOW!

其次，保持良好的站姿或坐姿，与考官保持眼神交流，即回答问题或者聆听考官的提问时，适时地看考官的眼睛，点头回应等，这会让考官觉得你很自信。

再次，讲话时应保持专注，不要分神或表现出坐立不安的样子。

最后，认真倾听考官的提问，在听清并理解问题的基础上作答。如果没有听懂考官的问题，就请考官再重复一遍，而不是盲目地猜测。在听清问题、想明白问题的基础上，条理清晰、有逻辑地回答问题，使考官更容易理解你的回答。此外，即使面对拿不准的问题，你也要尽力去回答。同时，要留意考试时间，尽可能在规定时间内回答完所有问题。

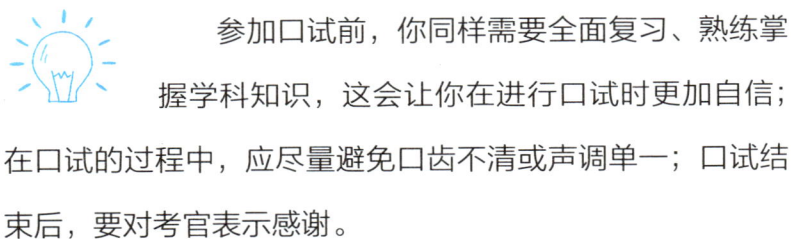 参加口试前，你同样需要全面复习、熟练掌握学科知识，这会让你在进行口试时更加自信；在口试的过程中，应尽量避免口齿不清或声调单一；口试结束后，要对考官表示感谢。

2. 常见考试题型

常见的考试题型有选择题、判断题、填空题、简答题、论述题、写作题等。

①选择题，通过提供一系列选项来测试学生对知识的掌握情况，需要学生从给出的选项中选择出正确答案。选择题除了有单选题外，还有多选题，也就是选项中正确的答案不止一个。

做选择题前，我们要先阅读题目要求，看清楚是单选题还是多选题，答错会不会扣分等；在答题过程中，先做自己十分有把握的题目，不会做或暂时没有想好答案的题目先空着，留到最后再做。

在你做选择题时，如果你对正确选项不是很确定，那么可以使用排除法，先把那些肯定错误的选项排除，缩小选择范围后再进一步选择。

②判断题，一般以陈述句的形式给出，在判断正误时，要理解清楚问题的表述，多多注意题目给出的线索。

在做判断题时，答案只有两种可能——对或错，只有当你确保所判断的句子完全正确时，才可以打对号。当一个句子中的绝大部分内容都是正确的，只有一个词语不对、一个数字不对，那么这句话依然是错误的，所以要逐字逐句地阅读判断题的句子。有些判断题句子中会出现绝对性字眼，比如"从不""一直""完全""全部""最大""所有"等，这时你就要思考是否有例外情况，进而判断这个句子的对错。

③填空题，通常需要学生填写词语、诗句、定义、数学公式、计算结果等，通常是与某一学科相关的较为基础的内容。

做填空题时，你应先做自己有把握的题目，再思考较难的题目。

④简答题，主要考查学生对关键术语、人物、时间、事实、理论、概念和公式等的了解程度。做简答题时，不要过多地分析和论述，只需要言简意赅地写出要点，以清晰的结构展示出来。例如，在答案的开头就写出对相应问题的观点、总体性回答，之后写出具体的各个论点。

⑤论述题，主要考查学生结合所学对某一观点、事件等持有的看法或态度。论述题通常具有很强的综合性，可能会出现在语文阅读题中，它能考查学生的阅读、分析、总结、归纳、书面表达等多种能力。

作答时，首先，你要在开头用简洁的语言表明自己的观点；其次，详细阐述你的观点；最后，给出结论。

⑥写作题，通常要求学生从某一主题出发写一篇文章，考查学生的语言运用能力。

写作时，不能为了凑字数而啰啰唆唆，必须用词准确，把所有的想法和观点简明扼要地表达出来，把重点放在文章的前面或段首；不要过多使用长句，以免让文章变得烦琐，难以理解；表达要有理有据，引用必要的名言名句、数据等支持你的观点。

以上这些题型，会出现在不同学科的试卷中。对于简答题、论述题和写作题，作答时文字较多，字迹要清晰，措辞要准确，不要出现错别字，答题结束时，如果还有时间，最好检查一遍。

3. 临近考试你要做好准备

考试前，你除了复习之外，还要在其他方  面为考试做好准备。这里有一份考前检查清单供你使用。

考前检查清单
☐ 我已经知晓考试的准确日期和时间
☐ 我已经了解考试的地点，并做好了出行规划
☐ 我已经准备好了考试需要携带的证件
☐ 我已经了解哪些物品可以带进考场，哪些不能
☐ 我为考试准备了多支笔
☐ 在考试前我准备好了要携带的水、要穿的衣服等
☐ 考试前我一直保持规律的作息，每天喝适量的水，健康饮食，感觉身体能量满满
☐ 考试当天我会稍微早起一点儿，以确保准时到达考场
☐ 为了减轻考试压力和减少焦虑，我学了一些放松的方法

除了考前检查清单外，这里还有一份考试注意事项清单供你参考。

考试注意事项清单
☐ 一定要仔细阅读考前须知，并严格遵守
☐ 一定要先把题目快速看一遍，再作答
☐ 一定要在头脑中计划好时间，分配每题所用的时间
☐ 一定要先写自己知道答案的题目，先跳过较难的题目
☐ 一定要清晰地展示出答题步骤
☐ 一定要花时间为复杂问题写个大纲，这样会使答案更清晰、更有条理
☐ 仔细听监考老师的要求，不做监考老师允许之外的事
☐ 不要为一道题花费太多时间，注意剩余时间
☐ 题目问什么就答什么，不要多答，因为多答也不会多得分
☐ 不要提前交卷离开考场，如果有剩余时间，将试卷仔细检查一遍，纠正错别字和其他细节

时间管理

第克泰特法和 ABC 任务管理法：全身心投入，科学抢分

1. 了解第克泰特法，管理你的考试时间

"第克泰特"一词来源于英文"Dictator"，引申为"专用时间"。据说，身处职场的犹太人把上班

后的第一个小时定为"第克泰特时间"，在这段时间内，他们必须处理并回复从前一天下班到当天上班之间收到的信函、邮件等。在第克泰特时间里，这些职场人士会全身心地投入工作，不做浪费时间的事，以免妨碍工作。

实际上，第克泰特法不仅适用于职场人士，也适用于学生。对学生来说，可借助第克泰特法使自己产生对时间的紧迫感，专心致志，用最快的速度完成一项学习任务，然后立刻开启下一项学习任务，最大限度地提高学习效率。

如果仔细思考，你可能会联想到，在每一场考试中，你做的每一道题都对应一定的做题时间，而每一段做题时间，其实都是第克泰特时间。在考场上，无论每一段第克泰特时间是长还是短，你都需要全身心地投入，时间一到，你必须马上进入下一段第克泰特时间，继续认真对待下一道题。以此类推，你在考场上利用这样的时间管理方法对待每一道题，可以让你在考试中充分发挥能力，取得好成绩。

如果你在考试时经常感觉时间不够用，试卷做不完，或者不知道如何分配考试时间，总在难题上耗费时间，导致其他题目来不及作答，那么，你就要在考试中试试第克泰特法。

具体来说，在一场考试中，你要根据考试题型，把时间分割成几个部分，确定好分别用多长时间做各类试题。并要留出约15分钟的时间来检查试卷。在考试中，你要严格遵守每一部分所用的时间，不能互相占用，这一点非常重要。

例如，你可以按下面这样的方式来划分90分钟的数学考试时间。

题型	题量（道）	分值（分）	作答时间（分钟）
填空题	10	20	15
判断题	5	10	5
选择题	10	10	10
计算题	5	25	15
操作题	1	10	5
应用题	5	25	25
合计	36	100	75

你做题用75分钟，剩下的15分钟用来检查试卷。当然，考试时你没必要花时间做非常细致的时间划分，而是根据每类题的分值，大致确定做这类题所用时间，并确保做题时间不超过该类题对应的分值即可。

2. 用 ABC 任务管理法做一个期末考试复习表

ABC 任务管理法是时间管理四象限法的简化形式。在 ABC 任务管理法中，各项任务按以下标准划分。

A：重要且紧急的任务，例如老师布置的当日课后作业，第二天要考查的诗词背诵等。

B：重要但不紧急以及紧急但不重要的任务，例如每天要进行的阅读、运动等。

C：不重要且不紧急的任务，例如根据自身兴趣选择探究的小观察、小实验等。

使用 ABC 任务管理法时，你要先对自己将要着手去做的新任务进行评估，看看它属于 A、B、C 中的哪一类，如果属于 A 类，那你就要尽快去落实；如果属于 B 类，那你就等有空时落实；如果属于 C 类，你可以在做完 A、B 类这任务后再去落实。

当你觉得自己的时间不太够用时，将各项任务划分成 A、B、C 三类，更便于管理。在考试前，你可以用 ABC 任务管理法来安排时间，按照任务的轻重缓急来制订相应的复习计划，这样，复习时就不会手忙脚乱。例如，距离考试还有两周，你可以使用 ABC 任务管理法来清点自己每天放学后的任务，为各项任务分配以及调整时间，做一张下面这样的考前复习任务检查表。

考前复习任务检查表（18:00—21:00）				
主要任务	分类	时间	调整任务	调整后时间
语数英作业	A	60分钟	语数英作业	60分钟
语数英预习	B	15分钟	语数英预习	15分钟
语数英复习	A	15分钟	考前复习：课本、错题、笔记、参考资料等	60分钟
拉小提琴	C	30分钟	拉小提琴	暂停
阅读	C	15分钟	阅读	暂停
休息娱乐	B	30分钟	休息娱乐	30分钟
洗漱	B	15分钟	洗漱	15分钟

可以看到，为了准备期末复习，把原来每天的复习时间由15分钟调整成60分钟；而拉小提琴和阅读这两个兴趣爱好先暂停；其他各项任务的时间保持不变。这样张弛有度的安排，既能让你完成重要且紧急的任务，还能让你做好复习，同时仍有休息娱乐时间让你的身心得到放松。

正确看待考试，你的实力最重要

1. 分数就代表我的实力吗

考试是为了检测我们的阶段性学习成果。当你在考试中取得高分，说明你这一阶段的学习非常认真、努力，你也会非常开心；当你的考试分数没有达到自己的预期时，你可能会感到伤心、失落。

尽管考试分数能在一定程度上体现出你的学习实力，但不要一味地只在意分数的高低，你更应重视学习过程，以及掌握有效的方法，减少考试中的失误，把自己能拿到的分数尽量都拿到。

考试时有一些简单的题目，考查的是基础知识点的掌握情况，但如果你不能在这类题目上得分，那很可能是你学习过程中付出的时间不够导致的，这时你需要尽快补足这一短板，避免在以后的考试中继续出现类似的情况。

此外，要认真对待每一场考试，不要好高骛远，也不要眼高手低。也许你会认为试卷中的简单题目你本来就会，太没有难度了，不如做几道难题来展现一下自己的实力。但你要知道，在一张试卷中，绝大部分题目都可以用基础知识解决，难题只有几道，用来考查你对知识的综合运用能力，所以，你要先拿到那些能轻松拿到的分数，然后去解决难题，这才是你在考试中应该坚持的基本答题原则。

考试是为了对所学知识进行测验，理解考试的意义，认真对待考试，你的实力终将以分数的形式来回报你。

2. 我该怎么应对考试压力呢

在压力下，人们通常表现出这样一些现象：心跳加快、呼吸急促、手心出汗、手发抖、心烦意乱、脾气暴躁等。在压力的作用下，人们还会表现出这样一些症状：入睡困难、过度焦虑、精神不振、多愁善感、头疼、难以放松等。

当考试的压力和焦虑"袭击"你时，你可以试一试深呼吸法，它对驱散压力和缓解焦虑有很好的帮助。

深呼吸法操作要领	
操作步骤	具体内容
1	把双手分别放在胸部和腹部
2	慢慢地、有意识地吸气
3	在吸气时，注意胸部和腹部的扩张
4	吸气时从 1 数到 6
5	短暂地屏住呼吸，然后呼气，再从 1 数到 6
6	重复以上步骤几次，你会感觉自己越来越放松

其实，很多同学的考试压力来源于一种滑坡谬误。

所谓滑坡谬误，是指在没有任何证据支持的条件下，假设采取某种行动或者不采取某种行动，得出一系列不合理的推论。

例如，你某次考试没有考好，内心很失落，结果家长还用上述滑坡谬误的逻辑对你进行说教：你考试没考好，肯定就是没有好好学。你如果不好好学，将来肯定考不上好的中学；进不了好的中学，肯定上不了好大学；上不了好大学，将来就找不到好工作；找不到好工作，你的生活肯定好不到哪儿去……

于是，在这种以偏概全的说教中，你可能会失去信心，否定自己，之后，每当考试时，你感

到自己被压力笼罩，无法克制紧张和焦虑情绪。

所以，你一定要清楚了解滑坡谬误——人们使用一连串不合理的因果关系推理，将某件可能发生的事当成必然要发生的事，从而得出一种不合理的结论，这本身就是一个错误的推理过程，你可不能被这种错误所左右。如果你在某一时刻陷入滑坡谬误，一定要问将你拉入滑坡谬误的那个人：作为推理起点的事件真的存在吗？如果这个起点事件存在，一定会导致后面的事件出现吗？最终的结果一定是坏的吗？有没有哪些措施能防止出现不好的结果？

因此，面对考试压力，你除了要学会让自己放松之外，你还要认识到压力的来源，从源头上消除压力。而且你还要知道，偶尔一次考试失利，并不会决定以后的一切，我们任何人都不应因为一次考试失利而对一个人的未来做出完全负面的预测。

在此，希望你能够通过放松的方法和与父母的有效沟通尽早消除自己在考试方面的压力，好好学习，轻松考试，取得自己满意的成绩。

写在后面

　　亲爱的小读者，从你走进小学校园的那一刻起，你的人生就迈入了一个新的成长阶段。这个阶段的你，正接受着父母无微不至的关爱、老师的教导、同学的陪伴，以及知识的洗礼，在这样一个温馨的环境中，你肯定在努力学习着如何让自己成为一名优秀的小学生。

　　你的每一天都是美好充实的。上学期间，除了去学校上课之外，一天中你可能会有 9~10 个小时的时间用来睡觉，4~5 个小时用来安排其他活动；到了周末和寒暑假，你可以支配的时间变得更长。那么，在你成长的每一天，你除了要接受学校的教育之外，还要学会安排时间，把时间充分利用起来，让自己收获知识、发展兴趣爱好、锻炼沟通与社交能力，学会独立思考，掌握一定的生活技能，懂得关心和爱护身边的人。

　　学习使人进步。掌握高效的学习方法，会让你进步得更快。你学到的各种知识、技能，以及养成的积极的生活态度、良好的价值观等，都将成为你成长的力量，让你变得自信、勇敢、乐观、向上。

本书给出了诸多学习方法和时间管理技巧，你可根据自己在学习中遇到的问题选择相应的方法，然后进行实践、应用，让它们帮你成为一名学习高手，并在学习进步的同时获得全面发展。